ПУТЬ К СВОБОДЕ

Как обрести свободу и сохранить ее

Второе издание

Владимир Савчук

Авторские права © 2018 Владимир Савчук
Перевод с английского: Евгений Прищенко, Любовь Касьянова и Матвей Чукланов
Редактирование: Татьяна Смирнова, Любовь Касьянова
Вычитка и корректура: Артур Чернявский
Все права защищены. Никакая часть этой книги не может быть воспроизведена или использована в какой бы то ни было форме и какими бы то ни было средствами: электронными, механическими, включая фотокопирование, запись на пленку и другие средства хранения информации, без предварительного письменного разрешения владельца авторских прав. Исключение делается для рецензентов, желающих процитировать небольшие отрывки в своем отзыве, предназначенном для журнала, вебсайта, газеты, аудио и видеозаписи, теле и радиопрограммы. Все цитаты из Писания соответствуют Русскому Синодальному переводу Библии, если не указано иначе.
Все права защищены.

ISBN: 978-1-732463-78-3

ПОСВЯЩЕНИЕ

Я посвящаю эту книгу каждому, кто сражается с трудностями, которые кажутся в данный момент непреодолимыми. Не отчаивайтесь – помощь уже не за горами.

СОДЕРЖАНИЕ

Предисловие .... *iii*

Отзывы .... *iv*

Введение - УБИЙЦА ЛЬВОВ 11

1. НЕ БЕЙТЕ ОСЛИЦУ 19
2. ШЕСТЬ ЗЛЫХ ДУХОВ 31
3. ОТКРЫТЫЕ ДВЕРИ 47
4. ПОГРЕБАЛЬНАЯ ПЕЛЕНА 63
5. ХЛЕБ, ПРЕДНАЗНАЧЕННЫЙ ДЛЯ ДЕТЕЙ 85
6. ОБРЕТИ СВОБОДУ 97
7. ПРИМАНКА САТАНЫ 111
8. ИСТИННАЯ СВОБОДА 125
9. РАЗРУШАЯ ТВЕРДЫНИ 137
10. ОБНОВЛЕНИЕ РАЗУМА 151
11. ПРЕБЫВАЙТЕ В ОГНЕ 167
12. ПРОДОЛЖАЙТЕ РАСТИ 175
13. ИСТОРИЯ ДВУХ САУЛОВ 185
14. РОЖДЕНЫ, ЧТОБЫ ОСВОБОЖДАТЬ 195
ОБ АВТОРЕ 208
КАК НАС НАЙТИ 209
РУКОВОДСТВО ПО ИЗУЧЕНИЮ 211
ССЫЛКИ 220

ПРЕДИСЛОВИЕ

Владимир Савчук – удивительный молодой пастор, с которым я имел честь познакомиться лично. Его служение смело затрагивает многие вопросы духовной войны и изгнания бесов. Книга "Путь к свободе" – это столь необходимое послание в современном мире, затрагивающее множество тем, которые должен знать каждый христианин. Мне особенно нравится, что пастор Владимир акцентирует внимание читателей на обновлении мышления и важности сохранения свободы.

Я верю, что книга "Путь к свободе" поможет многим людям вырваться из оков религии и греха и осознать, что судьба каждого христианина – жизнь свободная от мучений лукавого. В конце книги вы найдете учебное пособие, которое даст вам возможность усвоить наиболее важные моменты каждой главы.

Пастор Владимир – это голос, призывающий церковь ходить в победе над врагом и жить сверхъестественной жизнью во Христе. Лично я ожидаю многого от этой книги и от этого уникального мужа Божьего.

- *Боб Ларсон*

Ведущий мировой эксперт по демонологии, оккультизму и сверхъестественным явлениям. Автор 37 книг, в том числе: "О духовной войне", "Мировые религии", "Молитвы защиты от демонов", "Разрушение проклятия", "Иезавель", "Борьба с демонами" и другие.

ОТЗЫВЫ

Освобождение людей от демонического угнетения и одержимости прослеживалось в течение всей жизни Иисуса Христа. В своей книге "Путь к Свободе" пастор Владимир Савчук открывает реальность духовного мира и помогает понять, как ходить в свободе, которую может дать только Иисус. Он делится личным опытом и местами Священного Писания. Вы получите знания о том, как освободиться от эмоционального и физического угнетения, разоблачите работу дьявола и обнаружите шаги, которые нужно предпринять, чтобы испытать истинную свободу во Христе.

Я верю, что Дух Святой будет использовать данную книгу, чтобы снарядить и укрепить веру каждого. Приготовьтесь пережить в своей жизни слова Иисуса: *"Если Сын освободит, то истинно свободны будете"* (Иоанна 8:36).

- Андрес Бисонни,

Служение Андреса Бисонни

Духовная война реальна. И Влад определенно обладает соответствующей квалификацией, чтобы раскрыть тему освобождения. Будучи пастырем церкви Hungry Generation, он молился за многих людей и видел, как они освобождались от зависимостей и демонического угнетения. Книга наполнена цитатами из Священного Писания, рассказами и свидетельствами освобожденных людей. Если вы хотите знать правила ведения духовной войны и как молиться за освобождение, то эта книга для вас.

- Роман Шеремета

Доктор наук, Профессор Университета Кейс вестерн резерв

Пастор Влад Савчук был помазан Богом, чтобы служить нашему поколению и, дарованной ему благодатью, указать путь из рабства и демонического угнетения (не только духовно, но и в образе мышления). Я верю, что данная книга станет оружием в руках многих людей, которые смогут освободиться и осознать свой Божественный потенциал во Христе Иисусе.

- *Андрей Шаповал*

Основатель служения "Пламя Огня"

Книга Влада Савчука "Путь к свободе" – это отличное толкование реальности духовного мира и воздействия демонических духов. Автор показывает конкретные шаги того, как освободиться от вредных привычек и ходить в свободе. Я настоятельно рекомендую изучить данную книгу молодым людям и особенно молодежным служителям!

- *Джордж Давидюк*

Миссионер, христианский исполнитель

Очень важная тема затронута в книге Влада Савчука "Путь к свободе". С огромным интересом прочла ее за два вечера. Примеры из жизни, которые описаны в этой книге, не оставляют равнодушными, и раскрывают истину о реальности духовного мира и власти, которую нам дал Бог. Спасибо Влад, что ты так открыто и искренне пишешь о своих личных сражениях и победах. Уверена, что для многих эта книга будет очень актуальной и полезной.

- *Лика Роман*

Мисс Украина 2007

Пастор Влад Савчук был помазан Богом, чтобы служить нашему поколению и, дарованной ему благодатью, указать путь из рабства и демонического угнетения (не только духовно, но и в образе мышления). Я верю, что данная книга станет оружием в руках многих людей, которые смогут освободиться и осознать свой Божественный потенциал во Христе Иисусе.

- Андрей Шаповал

Основатель служения "Пламя Огня"

Книга Влада Савчука "Путь к свободе" – это отличное толкование реальности духовного мира и воздействия демонических духов. Автор показывает конкретные шаги того, как освободиться от вредных привычек и ходить в свободе. Я настоятельно рекомендую изучить данную книгу молодым людям и особенно молодежным служителям!

- Джордж Давидюк

Миссионер, христианский исполнитель

Очень важная тема затронута в книге Влада Савчука "Путь к свободе". С огромным интересом прочла ее за два вечера. Примеры из жизни, которые описаны в этой книге, не оставляют равнодушными, и раскрывают истину о реальности духовного мира и власти, которую нам дал Бог. Спасибо Влад, что ты так открыто и искренне пишешь о своих личных сражениях и победах. Уверена, что для многих эта книга будет очень актуальной и полезной.

- Лика Роман

Мисс Украина 2007

ВВЕДЕНИЕ

УБИЙЦА ЛЬВОВ

Эта история произошла в один совершенно обычный вечер четверга, когда молодежь нашей церкви собралась на служение. В зал вошел высокий, симпатичный молодой человек, с виду похожий на итальянца. В тот вечер во время проповеди я выложился по полной и в конце сделал призыв к покаянию. Этот парень буквально выбежал наперед, рыдая взахлеб и раскаиваясь перед Богом. Когда молитва подошла к концу и многие начали выходить из зала, то целая группа молодежи обступила нового посетителя и стала с упоением слушать его историю. Я краем уха услышал его рассказ, чем он занимался в жизни и какие грехи совершал в погоне за сексом и деньгами.

В определенный момент жизни он присоединился к секте сатанистов. Тогда же ему в руки попала "Книга Сатаны", и он попросил дьявола войти в него. Услышав это, я сразу понял, что мне нужно повести его в особой молитве покаяния, чтобы он отрекся от договора с сатаной. Тем временем он продолжал рассказывать, почему решил порвать с дьяволом: он увидел ужасы ада в очень ярком сне, после чего сразу выбросил все сатанинские книги из своего дома. Этот парень хотел жить обыкновенной жизнью, и больше не иметь ничего общего с дьяволом.

Мне пришлось прервать его рассказ и попросить повторить молитву, в которой бы он отрекся от любых связей с царством сатаны. Эта простая молитва звучала так: "Я каюсь в том, что заключил контракт с дьяволом. Бог, прости меня, что отвернулся от Тебя и вступил в союз с сатаной. Господь Иисус, освободи меня прямо сейчас". Как только я сказал: "Господь Иисус", я заметил, что этот парень не может повторить эту фразу за мной. Вместо того, через него начали проявляться демоны, или злые духи.

Мне тогда было всего 17, проявления демонов я видел только на видео, но сам лично никогда не молился за освобождение. К тому времени в зале осталась одна молодежь, пастор уже ушел. Чувствуя вперемешку и восторг, и нервозность, я услышал внутри побуждение Святого Духа: всем отойти от этого парня на небольшое расстояние и настаивать, чтобы он произнес имя Господа Иисуса. Внутри этого человека началось настоящее борение злого духа, который мучал его. Парню было невероятно сложно произнести имя Господа Иисуса и попросить прощения. Цвет его лица поменялся, руки сжались в кулаки, чтобы нанести удар. Однако все выглядело так, будто кто-то сзади крепко сдерживал его. Из нас к нему и близко никто не подходил, все стояли на расстоянии. Как вдруг он свалился на пол замертво.

Мы все были очень взволнованы, потому что на наших глазах произошло что-то сверхъестественное. Но к тому же теперь у нас возникла большая проблема. Он лежал на земле, не подавая признаков жизни, а я стоял над ним в ужасе! Единственная мысль, которая в тот момент кружилась у меня голове: "Завтра все будут говорить о том, что русские ребята замочили парнишку-итальянца прямо в церкви". Внезапно я вспомнил историю из Библии о том, как Иисус изгнал злого духа из мальчика, тот тоже упал на землю замертво, но как только его подняли на ноги, он пришел в себя и все было в порядке. Поэтому единственным вариантом для нас было начать поднимать этого парня на ноги, и вправду, через пару минут он пришел в себя.

Всем было ужасно любопытно, что же с ним произошло. Он стал рассказывать нам, что на него как будто что-то нашло.

ВВЕДЕНИЕ

Сильные голоса руководили им, повелевая избить нас, однако ощущение того, что кто-то его физически сдерживает, было сильнее. Как же он удивился, когда осознал, что к нему физически никто из нас не прикасался! Несомненно, это Божьи ангелы окружали его во время процесса освобождения.

Жизнь этого человека радикально изменилась после того случая. Мы встретились с ним на следующий день и он засвидетельствовал, что к тому же получил исцеление от долго мучавшей его болезни. Выходит, в тот вечер я впервые успешно помолился об освобождении кого-то, кто был одержим демонами.

Возможно, вы смотрели видео, где люди освобождаются от демонов во время наших служений. В некоторых случаях демоны проявляются очень явно и громко, в других случаях гораздо тише и менее агрессивно. Физическое проявление не является обязательным условием для изгнания демонов. Истинное освобождение происходит от помазания Святого Духа.

Прежде чем Бог смог использовать Давида публично для поражения Голиафа, Он позволил Давиду лично столкнуться со львом и медведем. Я верю, что наши индивидуальные победы в свое время приведут нас к публичному триумфу. Исследуя жизнь Давида, я могу предположить, что Давид был не очень-то в восторге от встречи со львом. Возможно, что у него в голове пролетали подобные мысли: "Почему меня атакуют?", "Где Бог, и почему Он это допускает?" Когда Давид пережил атаку льва, который похитил овцу из его стада, он мог бы ныть о потере и бесконечно жалеть себя. Однако этот молодой парень принял решение не жить в сожалениях о своих неудачах и потере овечки. Он решил подняться и сражаться, чтобы вернуть то, что украл у него лев. В те дни Давид не осознавал, что сражение со львом и медведем в итоге вдохнет в него храбрость и твердость духа, которые будут так необходимы, чтобы открыто выступить против великана Голиафа.

ПУТЬ К СВОБОДЕ

Сегодня я все еще верю в освобождение. Я верю в это не только потому, что видел, как все происходило и как жизни людей изменялись после освобождения. Я верю потому, что Иисус повелел нам изгонять демонов, а также в первую очередь потому, что я сам пережил освобождение от различных вещей, которые поработили меня.

Когда мне было 12 лет, я впервые столкнулся с порнографией. В то время я еще не осознавал опасности, которую она в себе таила и не понимал, как порнографические материалы могут повлиять на мою жизнь.

Когда мне было 13 лет, моя семья иммигрировала в Соединенные Штаты. Все для меня было новым: страна, друзья и даже язык! Я не догадывался, что здесь меня поджидает сильная зависимость, избавление от которой впоследствии потребует Божьего вмешательства.

Спустя полгода после переезда в Америку, наш сосед попросил меня в течение недели присматривать за его домом, пока тот в отъезде. Мне было чрезвычайно любопытно узнать, как живут настоящие американцы. Я надеялся, что помимо выполнения повседневных заданий, таких как уборка дома, кормление котов и покос газона, мне удастся осмотреть весь дом. Вот так я и наткнулся на набор подозрительных видеокассет в одной из комнат.

По обложкам кассет было предельно ясно, что они не имели никакого отношения к христианским служениям Кэтрин Кульман или Билли Грэма. Помните, грех действует очень подло и обманчиво. Самое худшее во всем этом то, что человек начинает врать самому себе, придумывая всякие оправдания, чтобы угодить желаниям плоти.

Я просто хотел проверить, соответствуют ли обложки содержанию видеокассет. Хотя мне изначально было понятно, что в них не было ничего общего с евангельскими собраниями.

ВВЕДЕНИЕ

Кассеты содержали откровенно порнографические материалы; однако вместо того чтобы выключить телевизор, я остался и просмотрел видео до конца. Именно в тот момент что-то как будто проникло в меня.

В итоге меня начало переполнять чувство вины и стыда. Я был сам себе противен и немедленно пообещал Богу, что никогда не сделаю этого снова, и раскаялся в своем поступке. Но не прошло и недели, как я нарушил это обещание.

В течение следующих нескольких лет я по уши погряз в порнографии. Да, я знал, что это неправильно, но не мог перестать это смотреть. Как бы сильно я ни пытался бросить, исповедовался пастору, брал пост каждую неделю – всего один лишь миг слабости – и меня снова тянуло, и я снова возвращался к своему греху.

Я понимал, что не могу так дальше – я отчаянно нуждался в освобождении! Момент прозрения наступил тогда, когда я осознал, что буквально повязан этим грехом, и поэтому не могу эффективно служить Богу. В моей борьбе с похотью вариант женитьбы отпадал, поскольку это означало, что я буду причинять огромную боль будущей супруге, пока я буду стараться выкарабкаться из своей зависимости.

Тогда я начал читать книги и слушать проповеди на эту тему. В одной из них пастор Джек Хейфорд рассказал, как один из дьяконов его церкви получил освобождение от духа аморальности и блуда. Этот служитель после многих лет тщетной борьбы с порнозависимостью пришел к пастору Хейфорду, рассказал о своей проблеме и попросил молитвы.

Во время молитвы Дух Святой показал пастору Хейфорду, что в душе этого человека есть много пробоин. Каждая дыра представляла собой прошлые сексуальные контакты в его жизни. Пастор попросил дьякона набрать камней, соответствующее количеству всех его прошлых сексуальных связей, ставших причиной зависимости. Затем произнося молитву покаяния и поочередно отрекаясь от каждой такой связи, дьякон должен был бросать камень в реку, в сторону востока. Каждый камень символизировал связь. После того, как последний камень был брошен в реку, служитель получил полное освобождение.

Читая эту историю, мной овладевала тревога. Дух Святой стал показывать мне, что в возрасте 12 лет я открыл дверь для порнографии в своей душе. Затем еще одна дверь моей души открылась в возрасте 13 лет. Даже несмотря на то, что теперь они были закрыты, эти двери не были заперты на замок!

Следующие семь дней я провел в молитве и посте. Я сокрушался перед Богом и отрезал все свои прошлые нити, особенно каялся за те два случая, которые так ярко врезались в мою память. Я молил о Его милости. После того все шло, как и прежде, но я точно знал, что в моей жизни и моей душе что-то поменялось.

С того момента внутри меня произошли радикальные изменения – я обрел то, чего не имел прежде: благодать, самодисциплину и силу воздерживаться во время искушений. Сегодня я живу в свободе и помогаю другим людям обрести свободу. Каждый человек может пережить освобождение. Тем не менее свобода – это всего лишь начало, но не конечная цель.

Запомните, цель свободы – служить Богу и исполнить Его предназначение для вашей жизни. Поэтому, получить освобождение и не отдать себя Богу, чтобы служить Ему всем сердцем – все равно, что выйти из Египта, но уклониться и не попасть в обетованную землю. Что если бы народ израильский не воспользовался обретенной свободой и не достиг предназначенного ему Богом?

Итак, эта книга не только о том, как получить освобождение от демонов, зависимости и уязвимости. Бог жаждет не только

ВВЕДЕНИЕ

освободить вас от оков и зависимости, но повести вас дальше, в ваше истинное предназначение в Нем.

В этой книге я хочу показать вам, что освобождение – это всего лишь первый шаг. Лучший способ сохранить свободу – это использовать ее, чтобы возрастать в познании Бога и достигать своего потенциала. Именно это прославит имя Иисуса в нашем поколении!

Возможно, в своей жизни вы подобно Давиду сталкиваетесь со львами и медведями, но ваши поединки с врагом не для того, чтобы подавить или погубить вас; они подготовят вас к большему, к тому что ждет вас впереди. Бог призывает каждого из нас освобождать, исцелять и спасать это поколение. По мере того как вы будете приобретать навыки и побеждать своих личных "львов", Бог будет формировать ваш характер. В этом процессе вы приобретете сострадание к тем людям, которых вы призваны достичь. Как и в случае с Моисеем: его выход из Египта был не ради него самого, а ради освобождения всего еврейского народа из египетского порабощения! Даже Христу, прежде чем Он начал изгонять демонов из людей, необходимо было Самому встретиться с дьяволом в пустыне и противостать ему там.

Прежде чем вы выиграете открытое сражение с Голиафом, вам придется победить льва и медведя в своих личных схватках с врагом. Давайте вместе углубимся в слово, будем исследовать и учиться распознавать, противостоять, поражать и покорять нашего общего врага.

ПУТЬ К СВОБОДЕ

ГЛАВА 1

НЕ БЕЙТЕ ОСЛИЦУ

Воскресным утром 9 марта 2014 года вместе с большой командой я приехал в Африку в одну уникальную церковь. Сказать, что Бог мощно действует в данной церкви – это ничего не сказать. Мы раньше по три раза в год ездили туда с группой людей из Соединенных Штатов. В тот раз с нами приехало приблизительно 50 человек.

В округе в то время активно действовала известная террористическая группировка "Боко Харам", ответственная за убийство более 10 тысяч христиан в Нигерии. Мы этого тогда еще не знали, но пять человек из этой группировки стратегически обозначили здание церкви, в которой мы находились, как место следующего теракта, намереваясь после воскресного служения взорвать бомбу прямо при выходе из зала. На том служении наша команда сидела прямо рядом с выходом, на который нацелились террористы. Предположительно, все люди в той части здания, в том числе и наша группа из пятидесяти человек, погибли бы от взрыва.

Во время служения эти пять террористов отправились перекусить в соседний магазин. Обычное воскресное служение в данной церкви длится 11-17 часов, поэтому у этих людей было достаточно времени, чтобы посидеть и расслабиться прежде, чем служение закончится. Тем временем владелец магазина включил на телевизоре прямую трансляцию служения, а пастор церкви почувствовал побуждение молиться за присутствующих в зале, а также всех, кто смотрел прямой эфир. Внезапно сила Святого Духа наполнила магазин. Четверо из пяти террористов поняли, что не смогут противостоять такой силе, поэтому поспешно убежали из магазина.

А один террорист все же решил остаться и противостоять Божьему присутствию. Однако никакая сила в этом мире не может соперничать с силой Святого Духа. Террорист в итоге прямо в магазине упал на пол от могущественного присутствия Бога, тогда владелец магазина взял и оттащил его в церковь. Я сидел на переднем ряду и не понимал, кого именно только что притащили в зал. Пастор подошел к лежащему на полу человеку и начал молиться об изгнании. В конце молитвы тот человек получил освобождение. Выражение его лица изменилось, он начал плакать, и, упав на колени, принял Иисуса в свое сердце. Когда бывший террорист сообщил с каким намерением он шел в церковь в то воскресенье – я был просто в шоке.

Если бы не вмешательство Святого Духа, мы, вероятнее всего, погибли бы в тот день. Но что меня поразило еще больше, так это радикальная перемена: человек из террориста преобразился в освобожденного и спасенного христианина. До того момента я считал, что у таких как он людей, не было никакого шанса на искупление из-за невероятного зла в их сердце. Однако Бог может изменить любого человека, даже террориста. Господь способен удалить всякое зло из сердца человека, а результат этого – трансформация личности.

Первое изгнание в служении Иисуса

Однажды Иисус под помазанием Святого Духа вошел в синагогу. Тогда в одном человеке начал открыто проявляться злой дух (Марка 1:21-28). Иисус не выгнал человека из синагоги, а выгнал нечистого духа из человека. Что если бы аналогичная ситуация с демоническим проявлением произошла в современной церкви? Одержимого, вероятнее всего, попросили бы выйти из зала и обвинили в том, что он мешает порядку и пытается привлечь к себе внимание. Иисус же не боялся освобождать людей на глазах у всех. Он не боялся, что это каким-то образом покажет силу дьявола или что может опозорить самого человека. Когда мы понимаем принципы духовного мира, то знаем как атаковать демонические силы, действующие в человеке, при этом не унижая личности человека. Впоследствии это поможет человеку утвердиться в вере и восстановить его истинную сущность во Христе.

Если же наше представление о реальности сверхъестественного мира искаженное или туманное, то мы, как правило, пытаемся избавиться от паутины, вместо того чтобы сначала убить паука. Дилемма часто в том, что люди пытаются разобраться с симптомами, а не с корнем проблемы. Корень же проблемы сокрыт в духовной реальности, в физическом мире проявляются лишь его результаты. Ведь если в начале из духовного мира произошел весь физический мир, то именно в нем и кроется первопричина всех проблем и невзгод.

Ослица, видевшая духовный мир

Я заметил, что в большинстве случаев неверующие люди даже больше интересуются духовным миром и знают о нем больше, чем те, кто ходят в церковь. В книге Чисел, в 22-й главе, рассказана история об одном человеке по имени Валаам. Он был пророком, которого наняли, чтобы проклясть израильский народ. Бог же предупредил его во сне, чтобы он этого не делал. Однако пророк, ведомый своей жадностью, решил ослушаться Бога и все равно отправился совершить этот обряд. Валаам ехал верхом на ослице. В какой-то момент Ангел Господень вмешался в ситуацию и преградил ему дорогу. Ослица, которая не могла видеть духовный мир, внезапно прозрела и увидела другую реальность, в то время как Валаам оставался духовно слеп и неспособен распознать происходящее.

Эту ситуацию можно сравнить с духовным состоянием многих верующих. Виной тому – страх перед людьми, перед тем, что о них подумают другие, или же стремление понравиться кому-то, или угодить кому-то – все это ведет к притуплению духовного зрения. Вскоре мы перестаем замечать то, что в действительности происходит в духовном мире. Часто страх и жадность ослепляют духовные глаза человека.

Вокруг нас есть люди, которые не знают Иисуса Христа; они хотят прикоснуться к сверхъестественному и не боятся этого. Многие современные фильмы, сериалы, песни, книги переполнены элементами потустороннего мира. Люди заинтригованы сверхъестественным, но мир лишь погружает их глубже в темноту, вместо того чтобы отвечать на их духовные поиски. Однажды Бог использовал ослицу, чтобы пробудить пророка, я уверен, что Он пробуждает сегодня церковь увидеть нужду в том, что мир томится по чудесному и сверхъестественному. При этом Божия власть и могущество превосходят любую силу тьмы.

Когда ослица увидела ангела, она "своротила... три раза" (Числа 22:23). Затем она "…прижалась к стене и прижала ногу Валаамову к стене" (Числа 22:25). Ее необычное поведение должно было бы вызвать вопросы у пророка. Ведь все это было из-за невидимой преграды в духовном мире.

Когда дети начинают вести себя странно, приобретая ненормальные привычки, зависимости, которые не приносят славы Богу, когда сбиваются с верного пути, сильно огорчают родителей – чаще всего за их непослушанием и плохими поступками стоят определенные духовные силы. Мы должны быть готовыми сражаться против духовных сил зла. Валаам разгневался на ослицу, поэтому начал ее бить и чуть не убил. Он не понимал, что проблема не в ослице, а в той преграде, которая возникла в духовном мире и мешала ослице продолжить свой путь. Давайте не будем повторять ту же ошибку, которую совершил пророк Валаам.

В Библии очень ясно говорится о том, что мы должны противостать врагу и вести духовную брань, чтобы жить в победе. Для этого нужно разобраться с преградами на пути, а не лупить "ослицу". Ослица реагирует на невидимый духовный мир и представляет видимые симптомы, тогда как ангел с обнаженным мечом выявляет корень проблемы. Так и в жизни, если есть, например, преграды в бизнесе, нужно прежде всего найти и разобраться с корнем проблемы. Если есть проблемы в сфере финансов – разыщите корень. Если в духовной жизни начался застой, опять-таки, ищите корень и разберитесь с ним. Не нужно обвинять во всем ослицу – лучше откройте свои духовные глаза и поймите, что вы сражаетесь с реальным врагом, который крадет ваш успех и мешает духовному росту и прорыву.

За любым грехом стоит сатана

Еще одна история, которая повествует о том, как духовный мир влияет на физический – это история царя Давида, когда он решил провести исчисление израильского народа. Казалось бы, перепись населения – обычное государственное дело. Однако в случае с Давидом это повлекло за собой гнев и суд Божий. "И восстал сатана на Израиля, и возбудил Давида сделать счисление Израильтян" (1 Пар. 21:1). Давид начал подсчитывать и полагаться на свою военную мощь более, чем на Божью силу. Гордость открыла дверь для дьявола и привела Давида ко греху, а также к гибели множества людей. Мы видим, что, когда лидеры, особенно такого уровня, уклоняются и совершают ошибки, страдает народ.

ПУТЬ К СВОБОДЕ

О первопричине согрешения Давида написано следующее: "И восстал сатана на Израиля…" Дьявол ненавидит нас всем своим естеством и хочет ввести в грех. Он знает, что если ему удастся склонить лидера к нечестивым поступкам, это пошатнет веру многих или, по крайней мере, заставит сомневаться в Боге и подорвет их доверие Богу. Ясно и то, что никто не впадает в грех без содействия в том дьявола. Несмотря на это, Давид не начал винить дьявола или других людей в своих поступках, а наоборот, он признал свой грех и раскаялся в нем. Покаяние – это единственный метод порвать контролирующее давление дьявола и остановить гнев Бога.

С самого первого греха, совершенного человеком, присутствовало влияние сатаны. У Адама не было намерений ослушаться Бога; мнение окружающих не могло бы повлиять на его решение. Однако змей в Эдемском саду поджидал момент, чтобы обольстить человека, и Адам нарушил заповедь Господа Бога. В отличие от Давида, первый человек начал обвинять во всем жену, а Ева в свою очередь винила дьявола (змея). Хотя сатана играет немалую роль в том, что мы согрешаем, нам следует брать ответственность за свои поступки, тогда мы сможем покаяться и позволить Богу очистить нас. Покаяние никогда не будет искренним, если мы будем искать виноватых.

Бог вмешался в ситуацию, и Он не только осудил Адама и Еву, но проклял змея. Первые люди не попали под прямое проклятие, эта участь ожидала только змея, и Бог не собирался спускать ему с рук его злодеяния. На самом деле, Он более жестко поступил с дьяволом, чем с нашими прародителями – Адамом и Евой. Многие современные христиане рьяно ограждают дьявола. По каким-то причинам они не хотят разбираться с дьяволом и демонами, и вместо этого, перекладывают всю вину на других людей. Верующих, которые разбираются с бесами, нередко считают "свихнувшимися" и "странными" личностями.

НЕ БЕЙТЕ ОСЛИЦУ

Был такой момент в моей жизни, когда Богу пришлось обличить меня, поскольку я хотел смягчить свою позицию по отношению к духовной брани. Я знал, что эта тема непопулярна среди преимущественного числа современных христиан. Поэтому я намеревался не говорить прямо и умерить свой пыл в вопросе освобождения. Однако сразу Дух Святой напомнил мне историю о царе Сауле, когда он пощадил врага, которого Бог повелел полностью уничтожить. Когда Саул помиловал Агага, царя Амалика, этим он проявил непослушание и оскорбил Господа. После такого обличения я быстро покаялся и твердо решил никогда не идти на компромисс с "царем Агагом" в своей жизни. Сатана – враг Бога, поэтому он мой враг. Я буду поступать, как поступал Иисус, и сражаться с врагом так, как повелел Иисус. Если вы примете для себя это решение и будете действовать, как повелел Иисус, то Бог будет доволен вами, а дьявол, конечно, будет в бешенстве, но в результате такого решения многие люди получат освобождение.

Разбирайтесь с корнями, а не с плодами

Иисус дал нам образец мышления, который должен быть в нас. Помните, Христос – Творец духовного мира. Когда Он спросил Своих учеников за кого они почитают Его, то Петр сразу ответил: "Ты – Христос, Сын Бога Живого" (Матфея 16:16). Иисус не начал хвалить Петра за такое откровение; вместо этого, Он воздал славу Отцу, который был истинным источником просвещения Петра.

Ключ к пониманию духовного мира в том, что все откровения и просвещение мы получаем по благодати Божьей, а не по своим заслугам или хорошим делам. Невозможно быть святым без Святого Духа. Мы не можем найти Бога сами, не будь Он первым, Кто всегда ищет нас. Давайте не будем об этом забывать.

ПУТЬ К СВОБОДЕ

Вся слава за все доброе и хорошее, что бы мы ни делали, всегда должна принадлежать Господу! Если мы забудем эту истину, то получим урок, который обрел Петр, вскоре после того, как провозгласил Иисуса Мессией. Когда Иисус стал рассказывать Своим ученикам о страданиях, которые Ему предстояли, Петр начал прекословить и решил дать Иисусу дельный совет. У апостола сложилось впечатление, что он теперь являлся источником откровений (опасный и искаженный взгляд), поэтому он начал давать советы Самому Господу.

С человеческой точки зрения, он пытался уберечь Иисуса от предстоящих страданий. С точки зрения же духовной реальности, Иисус сразу распознал, что совет исходил не от Петра, а от дьявола. Парадокс в том, что в течение одного часа через великого апостола Петра сначала говорил Дух Святой, а затем дьявол, чтоб посеять сомнения. Из Писаний мы ясно видим, что и Петр, и царь Давид, названный мужем по сердцу Бога, в определенный момент жизни были жертвами гордости. Гордость – это дверь, широко открытая для проникновения демонов. Даже истинные христиане могут попасть в ее сети. Именно гордость превратила прекрасного херувима в дьявола. Пусть это послужит нам великим напоминанием: воздавать всегда славу Богу за любые благодеяния и достижения в нашей жизни.

След врага всегда прослеживается во всем плохом, что происходит с нами в жизни. Когда у нас в жизни все великолепно, мы, как правило, присваиваем себе заслуги. А когда что-то не ладится, многие спешат обвинять Бога, при этом сатана всегда остается не у дел. Средства массовой информации, да и люди в целом, очень редко винят дьявола во всем том зле, которое творится в мире. Но именно сатана является автором любого зла. Такая тенденция ясно прослеживается и в совете, который Петр дал Иисусу, и в отречении Петра (Луки 22:31), и в предательстве Иуды (Луки 22:3), и в том случае, когда Анания решил солгать Святому Духу (Деяния 5:3). Поймите, по этой причине апостол Павел призывает нас активно участвовать в духовной брани. Тот факт, что мы находимся на земле, в физическом мире, сам по себе делает нас участниками духовного сражения; однако далеко не все христиане вовлечены в духовную войну.

Решения и их последствия

Любой выбор влечет за собой определенные последствия: плохие или хорошие. Однако многие опрометчивые решения приходят именно под давлением духовной реальности. Например, сын Соломона, Ровоам, принял неверное решение, когда не послушался совета старейшин о понижении налогов, чтобы облегчить бремя народа. Это решение стоило ему отсоединения 11 колен Израиля – невероятная утрата. К сожалению, эти 11 колен так никогда и не вернулись под правление дома Давида. Фактически одно такое решение повлекло за собой непоправимые последствия. Важно также заметить, что выбор Ровоама стал результатом идолопоклонства его отца, Соломона. Он не понимал, что предпосылки для его провала были созданы до его вступления на трон: существовало пророчество о том, что 11 племен будут отняты у царя Давида.

К сожалению, Ровоаму недоставало мудрости, прежде всего разобраться с глубокими корнями, тянущимися из его рода, из его прошлого, и имеющими влияние на его будущее. Задумайтесь: кто влияет на вашу волю и решения? Почему вы принимаете опрометчивые решения в сфере финансов или отношений? Многие христиане скажут вам, что вы, вероятно, недостаточно образованы, недостаточно дисциплинированы или недостаточно мудры.

В целом все эти вещи – всего лишь внешние симптомы или признаки того, что есть более глубокие корни и начало проблемы уходит корнями в невидимую духовную реальность. Решение Иуды красть деньги из ящика для пожертвований и предать Иисуса, было прямым следствием влияния сатаны. Всего лишь одно неверное решение, навеянное духовными силами тьмы, и жизнь может пойти не в нужном направлении и разрушиться. Однако правильный выбор и верное решение приходят от присутствия и водительства Духа Святого в нашей жизни.

Духовная война удаляет зло из человека

Я помню, как однажды нашу церковь "Hungry Generation" посетил Мэл Бонд, служитель Божий, через которого Бог действует в исцелении и освобождении людей. Это произошло еще в 2013 году. Мэл учил нас, каким образом мы можем видеть духовный мир. Интересно то, что он видит темные пятна на части тела человека, которая поражена болезнью. Иногда он видит змею или демоническое существо, прилепившееся к человеку. Тогда Мэл Бонд духовно атакует демона, и тот отступает и убирается прочь, а человек сразу получает исцеление. Он служил у нас на конференции, поэтому я лично видел, как все происходило. Интересно и то, что однажды по такой же самой схеме Бог исцелил Мэла Бонда, а также его жену и детей.

Обычно Мэл видит видение, как злой дух держится за часть тела человека, которая болит. Затем Мел Бонд приказывает духу убираться прочь, и человек незамедлительно получает исцеление. Иисус сказал: "Никто, войдя в дом сильного, не может расхитить вещей его, если прежде не свяжет сильного, и тогда расхитит дом его" (Марка 3:27).

Разница между физической и духовной войной

Бывший президент Норвежской Академии Наук при участии историков из Англии, Египта, Германии и Индии провел анализ известных исторических данных и пришел к потрясающему заключению. За последние 5 600 лет, начиная с 3 600 года до н.э. и по сей день, на земле царил мир всего 292 года! В течение исследуемого периода лет произошло 14 351 войн разного масштаба, в которых погибли 3,64 миллиарда человек. Общая стоимость материального ущерба в ходе военных действий равняется цене пояса из золота, которым можно было бы обернуть всю планету. Ширина пояса составляла бы 156,1 километра, а толщина – 10 метров. С 650 года до н.э. произошло 1 656 гонок вооружений, из которых всего 16 не закончились войной.[1]

Физическая война губит людей, но не может уничтожить зла, господствующего внутри человеческого сердца. Зло так и будет господствовать в человеке, если не будет устранено посредством духовной брани. Иисус предостерегает верующих не вступать в физические разборки, потому что существует духовная война, которая является более значимой и эффективной. Апостол Павел также увещевает нас не сражаться физически, а вести войну в духе. "Ибо мы, ходя во плоти, не по плоти воинствуем. Оружия воинствования нашего не плотские, но сильные Богом на разрушение твердынь..." (2-е Коринфянам 10:3-4).

Не растрачивайте помазание

Одна из причин почему духовное освобождение не практиковалось в Ветхом Завете, заключается в том, что большинство людей было задействовано в физических войнах. Чтобы преуспевать в духовной войне, мы должны прекратить сражения и распри с людьми. "Потому что наша брань не против крови и плоти, но против начальств, против властей, против мироправителей тьмы века сего, против духов злобы поднебесных..." (Ефесянам 6:12). Продолжая сражаться с плотью и кровью, мы не сможем вмещать в себя Божье помазание, так необходимое для войны с духовными силами тьмы.

Наилучшим примером этому служит Давид. Он уклонился от споров и стычек с братьями, прежде чем противостоял Голиафу. Старшие братья провоцировали его, подвергая сомнению его побуждения и мотивы, пытаясь вступить с ним в спор. Хотя они и были воинами, но не сражались с истинным врагом. Давид принял решение отойти от них, чтобы сберечь свое помазание для настоящего сражения.

Мы должны помнить, что не в любом сражении стоит принимать участие. Оберегайте свое помазание, чтобы сражаться с реальными врагами, в реальных духовных битвах. Если вы имеете слабость спорить, сплетничать, защищаться от критики или мстить за себя, то у вас не останется помазания для сражений с "Голиафами" в вашей жизни. Можно, конечно, ввязаться и в драку со скунсом, но стоит ли подвергать себя и все вокруг зловонию? Да, вам может удастся победить своих братьев, но у вас совсем не будет силы, чтобы сразиться с настоящим врагом – дьяволом. По этой же причине Иисус молчал перед Пилатом, римским наместником. Он не был намерен сражаться с фарисеями и римлянами; Его назначением была битва на кресте против всей духовной тьмы.

Молитва

"Господь Иисус, я прихожу к Тебе таким, какой я есть: как слепой в реальности духовного мира. Однажды Ты открыл глаза слепому Вартимею. Пожалуйста, открой мои духовные глаза. Дух Святой, помажь мои глаза Своей глазной мазью, чтобы мне видеть настоящую реальность. Отец, помоги мне всегда помнить, что Тот, Кто во мне, больше того, кто в мире".

ГЛАВА 2

ШЕСТЬ ЗЛЫХ ДУХОВ

Когда Кейси было всего восемь лет, отец посвятил ее демоническому божеству Ваалу. Ее семья входила в тайное оккультное сообщество. И чем старше девочка становилась, тем больше ею овладевали демоны. Вскоре ее стали посещать мысли о самоубийстве и желание себя резать. Со временем у Кейси диагностировали шизофрению, биполярное расстройство и другие психические заболевания. Из-за невероятного психологического и эмоционального давления, а также физического насилия, которое Кейси не раз довелось пережить, она стала лесбиянкой, и вела такую жизнь в течение 10 лет. Злой дух, живший в ней, разрушал ее психику, поэтому девушка нуждалась в соответствующем медицинском лечении. Кэйси принимала по 15 различных психотропных препаратов четыре раза в день.

В 2018 году она решила посетить ежегодную конференцию под названием "Raised to Deliver" (*Рождены, чтобы освобождать*), которую проводила наша церковь "Hungry Generation". Злой дух, мучивший ее все эти годы, проявился во время молитвы и был изгнан силой Святого Духа. Несколько месяцев спустя она снова приехала в нашу церковь "Hungry Generation", чтобы засвидетельствовать о своем освобождснии. Бог не только избавил ее от духа Ваала и лесбиянства, но и полностью исцелил. Врачи и психотерапевты утверждали, что ей понадобится не менее двух лет, чтобы перестать принимать все те препараты, которые ей были прописаны. Однако, получив освобождение, девушка сразу же прекратила прием всех этих лекарств, не испытав при этом ни одного побочного эффекта или негативной реакции организма. Кейси также присоединилась к поместной церкви, стала посещать домашние группы, начала ежедневно читать Библию и запоминать наизусть целые отрывки Священного Писания.

Вот в чем заключается истинная суть освобождения – люди получают освобождение, чтобы свободно служить Богу. Никакой демон не может справиться с силой Святого Духа и не может иметь большей силы, чем та, которая в имени Иисуса. Порой христиане небрежно разбрасываются такими фразами, как "дух такой-то" или "демон такой-то", не понимая, что жизнь – это не детская площадка, а поле битвы. И сатана – это вовсе не шутка, а наш реальный враг.

Ошибка номер один, совершаемая многими начинающими в духовной войне – это недооценивание сил противника, а также нехватка знаний о конкретном враге, против которого они выступают. Наблюдая за многими процессами освобождения, я видел, что демоны имеют имена, например: дух Иезавели, дух ярости или дух смерти. Бывает, что злые духи называют себя в честь идолов, или животных, или исторических личностей, которые имели дурную славу. Имя демона несет собой характеристики, функции и повадки этого духа. Следует сразу заметить, что нашим твердым основанием в духовной войне является Божье слово, а не чей-то опыт или практика. Священное Писание ясно показывает, что у демонов могут быть имена. Во время Своего земного служения Иисус внес ясность, касательно демонов. Мне однажды посчастливилось посетить Израиль и увидеть то самое Галилейское море, где Иисус успокоил бурю по пути в страну Гадаринскую, где Он освободил человека от целого легиона демонов (Марка 4:39).

ШЕСТЬ ЗЛЫХ ДУХОВ

Легион в регионе

Этот конкретный случай освобождения свидетельствует о том, что в одном человеке может жить множество демонов, по сути, тысячи могут вселиться в одну личность. Человек под демоническим воздействием может проявлять невероятную физическую силу. Кроме того, злые духи стоят за саморазрушением и самоубийством.

Одержимый человек из вышеупомянутой истории жил во гробах. Когда Дух Святой обитает в верующем человеке, Он делает нас храмом живого Бога, а демоны, наоборот, предпочитают теплое и мертвое состояние, гробы или кладбища. Возможно, вы задумывались, почему так происходит. Храмы символизируют жизнь, тогда как гробы символизируют смерть. Гробы – это места, в которых покоятся мертвые тела, не имеющие больше жизни. Именно поэтому Иисус назвал религиозных людей гробами – раньше в них текла жизнь Божья, но теперь они стали мертвыми внутри, пристанищем, в котором спокойно могли обитать демоны. Поэтому весьма опасно питаться вчерашней манной и жить только прошлым: прошлыми победами, прошлыми откровениями, прошлыми действиями Бога в вашей жизни, а также потерять настоящую страсть и жажду по Самому Богу. Во вчерашней манне заводятся черви, поэтому, если вы живете только тем, что Бог делал "вчера", то в конечном счете вы рискуете превратиться в гробы, в которых так любят обитать злые духи.

Демоны могут войти и жить в животных, потому что демоны суть духи, которые ищут физическое тело, чтобы обитать в нем. Их основная цель – овладеть человеком, но если потребуется, они согласны временно пожить и в теле животного. Так как свиньи считаются нечистыми животными, то, неудивительно, что демоны из вышеупомянутой истории вошли в стадо свиней. Нечистые духи всегда ищут для себя нечистое пристанище.

ПУТЬ К СВОБОДЕ

Изгнаны из человека, но не из страны

Различные злые духи контролируют различные регионы и даже целые страны. В Ветхом Завете повествуется история о том, что ответ на молитву Даниила был задержан из-за князя царства Персидского – сильного территориального духа, оперирующего над Персидской Империей (Даниила 10:13). Апостол Павел писал христианам в Эфесе, что наша брань против начальств, против властей, против мироправителей тьмы века сего, против духов злобы поднебесных (Ефесянам 6:12). Это объясняет тот феномен, что в некоторых регионах мира наблюдается более высокий уровень преступности и совершается большее количество тяжких преступлений, таких как убийства и насилие.

Возможно, вас удивляет тот факт, что Иисус выполнил просьбу демонов и позволил им остаться в том регионе (Матфея 8:31-32). Но Бог также выполнил просьбу сатаны и позволил ему поразить Иова (Иова 1:12). Кроме того, дьявол просил разрешения сеять Петра, как пшеницу (Луки 22:31). Нам неизвестно наверняка, почему Бог отвечал на просьбы сатаны, но в одном я уверен – мы должны быть более усердными в наших молитвах и постах. Ведь если сатана, будучи бунтарем получает просимое, то насколько больше можем получать мы, дети Божьи! Когда мы просим по воле Божьей, мы получаем ответы на наши молитвы.

Демоны просили разрешения Иисуса остаться в том регионе; в то же время люди просили, чтобы Иисус покинул их регион. И Христос выполнил обе просьбы. Тем не менее Он отказал освободившемуся человеку, который хотел последовать за Ним и покинуть ту местность. Иисус отправил того человека обратно в регион, где господствовали те же самые бесы, от которых он только что освободился. Получается, что свидетельство его освобождения могло стать сильнейшим орудием, чтобы помочь всему региону обратиться к Богу. Иисус всегда оставляет Своих посланников в тех местах, где люди отвергают Его, чтобы благодаря свидетельствам освобожденных у неверующих людей появился шанс принять Христа. Когда Бог освобождает вас, Он делает это еще и с той целью, чтобы освободить и других людей, связанных такими же злыми духами.

Демоны могут говорить

Отличительной особенностью Гадаринского изгнания стал тот факт, что Иисус разговаривал с демоном, а тот отвечал на Его вопросы. Это свидетельствует о том, что демоны способны говорить через человека. Однако следует не искать сведений у злых духов или вести с ними беседу, но изгонять их. Тем не менее очевиден тот факт, что Иисус задавал вопросы демонам. Иногда во время изгнания я приказываю демону назвать свое имя, также как это делал Иисус. Я спрашиваю о том, как он вошел в человека и что сделал с этим человеком. Когда злые духи начинают кричать, они, как правило, сознаются, что вошли в человека через какой-то соделанный грех, а также признаются, как сильно ненавидят молитвы верующих. Это служит нам хорошим напоминанием, что дьявол может войти посредством греха, выискивая, как бы в дальнейшем убить, украсть и разрушить жизнь человека.

В качестве примера можно привести историю Гедеона. Бог повелел ему отправиться в стан врага и послушать, о чем там говорят. Конечно, достаточно было получить слово от Бога и действовать. Однако Господь хотел, чтобы Гедеон лично услышал подтверждение из уст врага. Мы постоянно учим подростков и молодежь: "Избегайте греха, почитайте родителей, ходите в святости и близости с Богом". Всё же некоторые из них не прислушиваются к таким наставлениям. Но, когда они становятся свидетелями изгнания и своими глазами видят насколько реальны демоны, и как они вредят человеку, живущему во грехе, – появляется осознание реальности духовного мира и страх Божий в их сердцах. Нет, нам не нужно слышать подтверждение от дьявола, что молитва имеет силу. Но все-таки, когда бесы кричат, что молитва как огонь проходит по ним, то нам самим это придает уверенность, и мы видим, что молитва и пост – это мощное оружие против царства тьмы.

Многие люди приезжают к нам в церковь на конференции освобождения и исцеления. Мы обязательно берем у них разрешение на распространение в средствах массовой информации материалов с их участием; такое разрешение позволяет нам выкладывать много свидетельств в интернете, чтобы таким образом прославлялся Бог. Бывали случаи, когда пастыри из других церквей критиковали нас. Они говорили, что распространение подобных видеороликов позорит освобожденных людей и превозносит силу дьявола. Мы же наблюдаем обратное: свидетельства об изгнании позорят и разоблачают дьявола, а также вселяют страх Божий и укрепляют веру среди нового поколения. Господь не сокрыл изгнания не из одного Евангелия, Он не проводил это конфиденциально, чтоб никто об этом не знал. Равным образом Иисус не превращал изгнания демонов в шоу-представления, Он совершал это для того, чтобы прославить Отца и помочь всем страждущим.

Имя открывает особенности демона

Священное Писание упоминает имена некоторых демонов. Их имена – показатели рода их активности и вида деятельности. Нам известно, что демоны – это падшие ангелы, которые служат сатане (Откровение 12:8-9). Демонами называются также злые и нечистые духи, лживые духи и ангелы сатаны. Поскольку дьявол не является вездесущим, как наш Бог, и не может присутствовать во всех местах одновременно, он совершает свои злодеяния через своих агентов – демонов.

ШЕСТЬ ЗЛЫХ ДУХОВ

Их цель состоит в том, чтобы клеветать, соблазнять, изнурять, мучить, порабощать, вызывать зависимость, осквернять и атаковать физическое тело и разум человека. Давайте рассмотрим имена некоторых злых духов, которые упоминаются в Писании.

Дух Страха

Библия говорит о духе страха (2 Тимофею 1:7). Апостол Павел пишет Тимофею, молодому пастору, объясняя, что Бог не дал нам дух страха. Такой дух страха отличается от обычного чувства страха, который дан нам Богом, чтобы избегать опасностей. Он отличается и от страха Божьего, который подразумевает почитание и благоговение перед Богом. Дух страха является сугубо демоническим по своей сути; это неестественный страх, который сковывает человека, парализует потенциал, ограничивает и делает своим заложником. Фактически всё в царстве сатаны основано на страхе. В отличие от этого, всё в Царстве Божьем происходит от веры и любви. Мы должны увидеть разные проявления страха: демоны используют неестественный страх, чтобы захватить нашу жизнь, к примеру, страх перемен, смерти, страх водить машину или страх перед другими людьми. Некоторые люди боятся сойти с ума, имеют хроническую боязливость всего, паранойю, страх одиночества, страх неудачи, страх потери работы, страх замужества и женитьбы, страх болезни, необъяснимое беспокойство, дрожь и ночные кошмары – за всем этим стоит дух страха.

Вскоре после того, как я женился на самой прекрасной девушке, ее начал по ночам во время сна атаковать злой дух. Ей постоянно снились страшные сны и кошмары. Бывало такое, что я просыпался посреди ночи от того, что слышал, как она плачет от боли, которую испытывает в тот момент во сне. Эти кошмары влияли на ее настроение в течение последующего дня; в свою очередь, наши отношения страдали. В результате моя жена чувствовала сильное одиночество, ей было тяжело работать или заниматься служением. Многие из нас склонны думать, что это всего лишь эмоции и воображение, я и сам так раньше думал. Но со временем мы обнаружили, что у данной проблемы был глубокий корень. Вся эта ситуация очень сильно на нас влияла, потому что кошмары повторялись каждую вторую ночь. В конце концов мы осознали, что это явление демонического характера. Тогда мы начали противостоять врагу, а также просили других молиться о нас. После этого злой дух страха был поражен, а дух силы, любви и целомудрия наполнил жизнь моей жены. Дух страха будет пытаться установить свой контроль над вами, ограничивать потенциал, отнимать радость внутри. Бог никогда не посылает нам дух страха, а наоборот, Он добрый Отец и поэтому дарует нам дух любви и добра.

Дух Похоти

Дух похоти, аморальности, извращения является самым распространенным духом в нашей культуре (Осии 5:4). Именно дух похоти скрывается за любыми проявлениями порнографии, прелюбодеяния, блуда, проституции и гомосексуализма. Очень часто этот демон приносит сексуальные сны, а также принимает облик духовного мужа или духовной жены. Именно этот демон подталкивает неженатых к сексу до брака, а женатых пытается отдалить друг от друга и помешать им наслаждаться близостью в браке.

Дух похоти заинтересован не в самом сексе, а в том, чтобы ввести в грех. Похоть никогда не насыщает и не приносит истинное наслаждение человеку. Большинство людей, поддавшихся похотливому духу, отмечали, что это не просто ублажение плоти, но что-то большее, что буквально заставляло и толкало их совершать такое.

ШЕСТЬ ЗЛЫХ ДУХОВ

Я и сам в своей жизни получил освобождение от духа порнографии, поэтому могу лично подтвердить, что бывали моменты, когда этот злой дух находил на меня и доводил до срыва. Я не виню дьявола в своих поступках. Однако понимаю, что как бы сильно я ни старался, ни раскаивался, ни обещал никогда больше так не поступать – я вновь и вновь спотыкался и возвращался к просмотру порнографии. При этом я искренне ненавидел то состояние, в котором находился.

Дух Рабства

Многие люди не осознают, что за любой зависимостью стоит дух рабства (Римлянам 8:15). Этот демон склоняет людей в зависимость от алкоголя, наркотиков, курения, азартных игр, видеоигр и другого. Существуют также другие, более легкие зависимости, которые свойственны этому духу: зависимость от еды, телевизора, мобильного телефона, компьютера, денег, работы, сна, постоянных опозданий и т.д. Зачастую большинство программ реабилитации не эффективны, так как не могут разобраться с духовным корнем зависимости. Любую зависимость можно сравнить с паутиной, а демона – с пауком. Пока не убьешь паука, бесполезно избавляться от всей паутины, это просто не эффективно.

Однажды, служитель одной церкви поделился своим свидетельством о том, как избавился от курения. Став христианином, он никак не мог бросить курить. Как-то, после одного вечернего служения, он вышел на улицу. Внезапно Бог открыл его глаза, и он увидел духовный мир. Он увидел двух демонов, сидящих на электропроводах, и услышал их разговор. Один сказал другому: "Смотри, он вышел из церкви и опять собирается бросить курить". Другой демон ответил: "Нет, он опять закурит после того, как я сейчас кое-что сделаю". Затем бес дернул невидимую нить, и у этого мужчины сразу возникло сильное желание выкурить сигарету. В тот момент он осознал, что желание курить появлялось всякий раз, когда демон дергал за невидимую нить. На него нашел святой гнев, он противостал дьяволу и этой привязанности курить. С того момента мужчина получил свободу и больше никогда в жизни не курил. Дух Святой вкладывает нам в сердца Свои желания, а дьявол пытается посеять свои: выпить, закурить, посмотреть порно, сыграть в азартные игры или совершить другие безнравственные поступки.

Дух Немощи

Еще один дух, который упоминается в Писании, – это дух немощи (Луки 13:11; Марка 9:25). Очень часто такие демоны вызывают аллергию, диабет, артрит, рак, упадок сил, психические и нервные расстройства, проблемы с позвоночником, заболевания внутренних органов, сыпь и грибковые инфекции. Пусть это вас не удивляет, вот почему Иисус ходил и исцелял всех угнетаемых дьяволом. (Деяния 10:38). Бог не посылает болезни людям. Без всяких сомнений, когда физическое тело болеет, люди находятся под демоническим угнетением.

Если бы болезни были от Бога, тогда любой поход к врачу или принятие лекарства расценивалось бы как противление воле Божьей. Источником болезней всегда является дьявол. Порой, с понедельника по субботу мы согласны с данным утверждением, но потом, когда приходит воскресенье, мы ведем себя так, как будто быть больным это нормально. На кресте вместе со всеми грехами Иисус понес на Себе все наши немощи и болезни.

Во время Своего земного служения Иисус исцелял каждого, кто приходил к Нему и просил об исцелении. Завершенная работа на кресте – это наш стандарт и критерий. Возможно, вы спросите: "А как же Иов? А как же жало в плоти апостола Павла?" Но ведь именно Иисус наш эталон и образец, а не Иов и не Павел. Иисус

ШЕСТЬ ЗЛЫХ ДУХОВ

Христос – Он также Бог. Именно Он наилучшее отображение природы Бога Отца. Я не нахожу в Писании, чтобы Иисус отказал кому-либо в исцелении, когда Его просили об этом.

Обратите внимание, что Иисус не молился об исцелении – Он просто исцелял людей. Он повелевал болезням уходить, даже обычной высокой температуре (Луки 4:39). Иисус подозвал женщину, которая была скорчена восемнадцать лет и сказал ей: "Будь свободна от недуга твоего" (Луки 13:12). Евангелие от Луки ясно говорит, что Иисус не сказал "будь исцелена от болезни", но "будь свободна", потому что ее недуг был результатом демонического угнетения. Иисус изъяснил это далее, сказав, что сатана связал ее и мучал в течение восемнадцати лет (Луки 13:16).

Одна из причин, почему мы не видим сегодня многих исцелений, заключается в том, что мы только молимся об исцелении, вместо того чтобы повелевать духу немощи уйти. Однажды к нам на конференцию приехал мужчина из другого штата, чтобы получить исцеление. У него была тяжелая форма лейкемии. Однако он сильно опоздал на служение и пропустил молитвенную очередь у алтаря. Тем не менее была еще общая молитва за всех присутствующих. Огонь Духа Святого сошел на все собрание, и нечистые духи начали проявляться и выходить. Этот человек вдруг очутился на полу, у него началась рвота и в тот момент он получил освобождение во имя Иисуса. По возвращении домой, ему сделали повторный анализ крови, и врачи подтвердили, что он стал полностью здоров. Каждые шесть месяцев он делал анализ крови и каждый тест подтверждал, что он исцелен, все это для славы Божьей. Как только дух немощи изгоняется, то наступает исцеление.

Был также случай, когда молодая пара из нашей церкви привезла свою маму, чтобы помолились за нее. Эта женщина страдала хроническим апноэ (остановка дыхания во сне). Каждую ночь она подключала себя к аппарату дыхания во сне, но на следующий день она всегда была очень уставшей. Во время молитвенной очереди злой дух апноэ проявился и был изгнан из нее. Она почувствовала себя превосходно, приехала домой и легла спать без аппарата дыхания. Вскоре, доктор обследовал ее и подтвердил, что у нее больше не наблюдалось абсолютно никакого расстройства сна. Дух немощи приносит неизлечимую болезнь, но Дух Божий дарует окончательное исцеление от всякой болезни.

Как в Писании, так и на практике мы наблюдаем, что болезни приходят от дьявола. Однако следует подчеркнуть, что это ни в коем случае не значит, что каждый больной человек одержим демоном. Нет, Библия этому не учит и не подтверждает подобных утверждений.

Дух Гордости

Дух гордости – это реальный демон (Притчи 16:18). Соломон учит нас, что гордости предшествует погибель. Это означает, что прежде чем дьявол сможет разрушить вашу жизнь, он сперва посылает демона с именем Гордость. Этот дух сеет высокомерие, жажду мести, бунтарский настрой, самомнение, стремление к власти, критику, гнев, независимость, жестокость и зависть.

По сути, гордость – это поклонение самому себе. Гордость – это общепринятая религия ада. Именно гордость превратила Люцифера из помазанного херувима в сатану (Иезекииль 28:14). Этот злой дух действительно разрушает все на своем пути и количество гордости в человеке равняется количеству демонов внутри него.

Гордость в нашем сердце создает открытую дверь для дьявола и в конце концов приводит к поражению. Другими словами, приходит самоправедность и приводит к гордости, гордость привлекает в нашу жизнь демонов, а эти демоны приносят разрушение. Когда Иисус сказал Своим ученикам, что каждый из них оставит Его, то Петр начал противоречить. Петр был самоуверенным и гордился своей преданностью Иисусу. Этим пользовался дьявол, и по этой же причине просил Господа, чтобы сеять Петра, как пшеницу; именно его, а не других учеников (Луки 22:31).

Когда мы позволяем гордости проникнуть в нашу жизнь, то в конечном счете это приносит за собой падение. Блаженнее ходить в смирении, такое состояние сердца всегда привлечет Духа Святого и Его могущество в нашу жизнь.

Дух Питона

И наконец, существует демон, которому имя дух питона или дух прорицания (Деяния 16:16). Этот дух действует через оккультные практики, такие как масонство, саентология, движение Нью-Эйдж, секретные сообщества, восточные религии, гадание, письма на удачу, черная и белая магия, вызывание дьявола, гипноз, спиритические сеансы, нумерология, поклонение сатане, лозоискательство (биолокация), левитация, спиритические доски, гороскопы, знаки зодиака, амулеты и талисманы.

У меня есть хороший друг, пастырь церкви, его дочь недавно получила освобождение от духа питона. Если быть поконкретней, этот дух вошел в нее через курение травки, увлечение учением масонов и участие в оккультных сеансах. И все же, никакой дух змея не может состязаться с Агнцем Божьим, и поэтому девушка смогла получить освобождение от мучившего ее злого духа.

Питон всегда ищет как обольстить. В 16-й главе книги Деяний говорится об одной служанке, которая была одержима и произносила весьма точные пророчества под влиянием демонического духа. Если бы у апостола Павла не было дара различения духов, он, возможно, предложил бы этой девушке помочь ему распространять Благую Весть.

Первое библейское упоминание дьявола было в книге Бытие, когда он вошел в наш мир в образе змея. В последнем упоминании дьявола он также предстает в образе змея.

Однако питон отличается от большинства рода змеиных. Интересно заметить и то, что большинство насекомых кусает, чтобы высосать кровь. Большинство змей кусает, чтобы выпустить яд. Но питон умерщвляет свою жертву, сжимая и удушая ее. Дух питона охотится, чтобы связать и остановить ваше духовное дыхание. С помощью манипуляции, устрашения и угнетения он душит нашу духовную жизнь и умерщвляет отношения со Святым Духом.

Демоны всегда стремятся контролировать, доминировать и запугивать человека. Мы должны быть осторожными, чтобы не стать их жертвой. Запомните, любой человек, который говорит что-либо от имени Бога, но при этом пытается доминировать, манипулировать, запугивать и контролировать других, находится под влиянием этого нечистого духа. В отличие от него, Святой Дух подобен голубю. Он не принуждает, не контролирует, не обманывает, не манипулирует и не запугивает. Как же важно, чтобы те, кто в позиции лидера, ограждали свои сердца от духа питона.

Как видите, у демонов есть имена, раскрывающие их истинную сущность, природу и повадки. Возможно, что упомянутые духи пытаются сегодня атаковать и вашу жизнь. Но будьте уверены, что в Иисусе есть истинная свобода для вас. Эта невероятная свобода настолько же реальна, как и та тяжесть подневолья, в котором вы, возможно, находитесь в настоящий момент.

ШЕСТЬ ЗЛЫХ ДУХОВ

Молитва

"Дорогой Иисус, спасибо Тебе, что послал Духа Святого в мое сердце. Укрепи меня Твоею силой, чтобы мне отображать природу голубя, а не змея. Я каюсь за любую манипуляцию в своей жизни. Я каюсь, что использовал свое положение, чтобы доминировать или устрашать других людей. Я каюсь за всякую гордость, самоуверенность и превозношение, из-за которых я мог вести себя подобно дьяволу. Я каюсь за любое проявление духа похоти, я каюсь, что позволил прорасти этому в моей жизни. Прости меня, Отец!

Прямо сейчас я отрекаюсь от всякого духа страха и вместо этого принимаю Твоего Духа силы, любви и целомудрия. Я отрекаюсь от всякого злого духа зависимости и порабощения. Я приказываю убираться вон духу немощи и любой демонической активности, стоящей за болезнями и физическими болями, во имя Иисуса. Я отрекаюсь от любой формы запугивания, доминирования и манипуляции, используемых против меня.

Дух Святой, спасибо за Твою помощь".

ПУТЬ К СВОБОДЕ

ГЛАВА 3

ОТКРЫТЫЕ ДВЕРИ

Почему-то открытые двери – это мое больное место. Я даже не могу молиться, пока двери в помещении не будут закрыты. И конечно же я всегда начеку, когда какие-то двери открыты. После свадьбы мы с женой часто помогали посторонним людям, они иногда даже жили у нас в доме. Я всегда напоминал своим квартирантам, чтобы те запирали окна и двери на замок, прежде чем выйдут из дома. Однажды наша группа прославления участвовала в одном мероприятии в местном парке. Мы провели там весь день и вернулись домой, когда уже стемнело.

Войдя в дом, я внезапно почувствовал дуновение ветра. Я сразу подумал, что это духовное переживание, подобное 2-й главе книги Деяний. Но вдруг услышал шум с улицы, который доносился через открытое окно одной из комнат. Я направился туда и обнаружил, что многие ящики на кухне были выдвинуты, а с полок что-то свисало. Я вошел в комнату, все было перевернуто и разбросано, словно там пронесся сильный ураган. Более того, кто-то снял сетку с окна и поставил ее рядом, на пол. Окно было открыто настежь, а на подоконнике и оконной раме были темные отпечатки пальцев.

Мы сразу поняли, что пока мы были в парке, в наш дом проник грабитель. Нас охватило неприятное чувство страха и ощущение того, что кто-то нагло вторгся в нашу личную жизнь. Вор перерыл наши вещи, даже те, что были в гараже. Очень странно, но компьютер, iPad, украшения и все остальные ценности были на местах. Ничего не пропало за исключением автомобиля. Какая ирония, ведь машина, которую угнали, была не нашей. Нам ее просто одолжили на время, потому что обе своих машины мы отдали нуждающимся людям незадолго до этого. Итак, в наш дом вломились, но украли только машину, которая была снаружи.

Очевидно то, что вор некоторое время следил за нами, выжидая подходящий момент, когда все покинут дом. Ему удалось проникнуть во внутрь только потому, что кто-то торопился и оставил окно открытым.

Как и полагается, мы составили полицейский рапорт об ограблении. Вскоре произошло кое-что необычное. Наш забывчивый квартирант в то время подвозил куда-то своих знакомых и заметил на одной из парковок нашу угнанную машину. Сразу вызвали полицейских, они приехали, открыли автомобиль, и там внутри мы обнаружили записку следующего содержания: "Простите меня, пожалуйста, что украл вашу машину". К счастью для нас, вор неожиданно передумал похищать машину. А мы извлекли очень ценный урок в тот день! Чтобы защитить себя от ограбления, нужно проверить все ли окна и двери заперты. Вор всегда ищет лазейку, через которую сможет пролезть.

Сатана – вор, а воры преимущественно орудуют в темноте или по ночам (Иоанна 10:10). Вор предпочитает действовать тихо, оставаясь незамеченным. Однако после сатанинского проникновения что-то всегда исчезает. Заметьте, есть разница между тем, когда вы потеряли что-то и когда у вас это украли. Чаще всего мы теряем вещи из-за невнимательности, и в лучшем случае, когда возвращаемся, то находим их. Но если что-то пропало внезапно – это дело рук грабителя и вора.

Когда исчезают даже такие вещи как мир, радость, чистота, можете быть уверены, что дьявол как вор проник в вашу жизнь, чтобы обобрать вас по полной. Однако вор не сможет обокрасть нас, если мы надежно защищаем себя, живя благочестиво и свято. Сатана постоянно изучает нас, чтобы заметить, где остались открытые окна, чтобы проникнуть и украсть то, что принадлежит нам. Вы должны увидеть разницу: вор не переехал в мой дом жить, он пробрался и похитил то, что ему не принадлежало. Если сатане не удается войти и овладеть вами, он будет нападать и грабить, если, конечно, вы оставляете ему открытые двери – компромиссы.

Троянский конь

Сатана имеет доступ, только если есть совершённый грех. Так же как Богу нужна наша вера, дьяволу нужен грех, иначе он не сможет ничего сделать. Грех – это пропуск в жизнь человека. Писание предупреждает: "…и не давайте места дьяволу" (Ефесянам 4:27). Этот отрывок из Библии был дан верующим как предостережение. Ведь мы, христиане, открываем свои жизни для дьявола, если поддаемся и совершаем греховные поступки. Адам и Ева перешли под власть сатаны, когда умышленно совершили грех. Однако у князя этого мира не было никакой власти над Иисусом из-за Его безгрешной жизни (Иоанна 14:30).

Вы наверняка слышали историю о троянской войне, в ходе которой греки использовали деревянного коня, чтобы проникнуть в город противника и выиграть войну. После бесплодной десятилетней осады греки соорудили огромного деревянного коня, внутри которого спрятались сильные воины. Жители города думали, что конь – это подарок от греков, и не осознавали, что на самом деле это хитро замаскированная ловушка. Точно так же и грех замаскирован под подарок, забаву или игру, но на самом деле это ловушка дьявола.

В 3 главе Бытия показаны некоторые особенности дьявола: хитрость, лесть, подлость и лживость. Грех – это не только преступление против Бога, это открытый бунт против Его воли. Грех — это открытая дверь, посредством которой дьявол может атаковать, угнетать и в некоторых случаях даже входить и обладать человеком.

Наш противник дьявол всегда представляет грех как что-то желанное, во что мы просто обязаны влюбиться. Однако по сценарию у греха всегда есть скрытая подоплека, которую дьявол не спешит раскрывать. Похожая тактика использовалась и в случае Самсона (Судей 16). Самсон полюбил Далиду, филистимлянку, хотя подобные романтические отношения были запрещены. Филистимляне, враги Самсона, использовали его любовную интригу в своих интересах, чтобы тайно сговориться с Далидой и погубить его. Женщина лишь притворялась, что любила Самсона, а сама все это время доносила на него филистимлянам, пытаясь выведать секрет его силы. Более того, филистимляне уже прятались в ее доме и были готовы схватить Самсона, как только он потеряет свою выдающуюся силу. Они нормально платили Далиде за сотрудничество.

Грех подобен Далиде: он увлекает временным наслаждением, однако полностью предан сатане и его приказаниям. Греху наплевать на ваше благополучие. Пока мы заигрываем с грехом, сатана расставляет демонов для атаки, чтобы те начали мучить и угнетать. Так же как филистимляне стояли за каждым действием Далиды, чтобы погубить Самсона, сатана использует подобную тактику, планируя ваше поражение. В случае с Самсоном Далида была открытой дверью, которую использовали враги, чтобы погубить его. Давайте рассмотрим открытые двери, которые использует дьявол в этом поколении, чтобы войти в нашу жизнь и погубить нас.

ОТКРЫТЫЕ ДВЕРИ

Двери оккультизма

Слово "оккультизм" дословно переводится как "сокрытое из виду".[2] Это что-то утаённое и мистическое. К оккультным практикам относятся астрология, колдовство, гадание, чародейство, черная и белая магия, доски Уиджа, спиритизм, карты Таро, гороскопы и вызывание мертвых и тому подобное. Подобные практики являются широко открытой дверью для демонов, через которую они входят в нашу жизнь. Оккультизмом также считается участие в лжерелигиях, последователи которых открыто или косвенно поклоняются дьяволу. Христиане не должны увлекаться подобными демоническими науками, тем более участвовать в их сеансах.

Я никогда не забуду случай, когда мы молились за одного молодого человека, одержимого многими бесами. Они вошли в него после того, как этот парень пошел на кладбище и стал приглашать дьявола прийти в его жизнь. До этого он обозлился на Бога, потому что умер его брат. В тот момент на кладбище что-то вошло в него, после чего он сильно изменился: жестокость, гнев и бунт стали проявляться в нем. За свое поведение он был исключен из школы, а позже попал в тюрьму. И несмотря на все это, он считал себя христианином. Во время одного воскресного служения в нашей церкви демоны не смогли вынести Божьего присутствия и начали проявляться. Парень получил освобождение, покаялся в своих грехах, и Бог полностью восстановил его.

Я твердо убежден, что истинные христиане никогда не должны обращаться к оккультизму, потому что как только мы заходим на территорию дьявола, то являются демоны и атакуют нас. Бывает такое, что родители посвящают своих детей демонам, вследствие чего демоны входят и дети становятся одержимыми. Я до сих пор помню один из самых напряженных случаев изгнания, которые я когда-либо видел. Одержимой была молодая девушка, которую в детстве родители посвятили сатане, а сами через завет на крови стали колдунами. Этой девушке было 17 лет, когда она вместе со своими друзьями из другого штата впервые побывала на воскресном служении в нашей церкви. Во время молитвы демоны проявились и были изгнаны из нее силой Иисуса. С того дня я навсегда запомнил, что в посвящении младенцев сокрыта огромная сила, работающая либо во благо, либо во зло, и в духовном мире это весьма очевидно.

В Ветхом Завете Бог прогнал языческие народы из земли обетованной, дав евреям повеление и силу вытеснить их. Язычники были изгнаны из земли по причине гаданий, магии и колдовства (Второзаконие 18:9-14). Господь также предупредил Свой народ, чтобы они не касались этого, иначе Он обратит Свое лицо против них, чтобы истребить (Левит 20:6). Писание говорит нам, что, к сожалению, израильский народ в итоге начал поклоняться идолам и заниматься колдовством, и вызыванием мертвых – то есть делать то, что так оскорбляет Бога.

Ко всем христианам подходят искушения, порой мы согрешаем, идя на поводу желаний плоти. Но если вы будете сознательно обращаться в царство сатаны за помощью, или идти туда из-за любопытства, вы рискуете погубить свою душу. Некоторые люди обращаются к знахарям, бабкам, гадалкам, чтобы получить ответ, исцеление или какую-то перемену в жизни. В действительности сатана может даровать вам исцеление или прорыв, но взамен он заберет вашу свободу. Таким образом, вы окажетесь в лапах тьмы, а единственная цель царства тьмы – уничтожить вас. Большинство людей в наше время обращаются к сатане из любопытства, считая, что это – невинная игра. Однако это далеко не так.

Когда я был ребенком и еще жил в Украине, меня укусила собака, причем так сильно, что мне пришлось накладывать швы. Хозяйкой собаки была моя соседка, она же была моим репетитором. Я приходил к ней домой, и она помогала мне подтянуть математику. Пока ее собака была на привязи, то не могла причинить мне вред; все что она могла – это лаять на меня, но не кусать.

Духовный мир устроен подобным образом. Пока мы находимся в Царстве Бога, сатана может лишь искушать, соблазнять, лаять, но не терзать нас. Один раз я пришел к своей соседке на занятия и заметил, что собаки не было в привычном месте. Я подумал, что ее куда-то увели, мое любопытство зашкаливало. Поэтому я решил засунуть голову в будку. К моему огромному удивлению, собака лежала позади своей конуры. Она набросилась на меня и покусала так, что в клочья разодрала кожу на моей ноге. Хозяйка прибежала и спасла меня, а потом наложила швы на мою ногу, так как она, к счастью для меня, была еще и врачом.

Занимаясь оккультизмом, вы заходите на территорию дьявола. Можете быть уверены – вас не пощадят, он будет атаковать и приносить мучения в вашу жизнь. По какой бы причине вы не решились на это безумие, вам нужно срочно покаяться, отречься и оставить этот грех. Если вы уже испытываете мучения из-за вашей связи с оккультизмом, то Иисус – ваша единственная надежда на освобождение.

Двери заклятых вещей

Сила может исходить как от людей, так и от мест, животных и неодушевленных предметов. Например, в Библии говорится о том, что демоны смогли войти в свиней (Матфея 8:28-34). Также Бог может использовать любое средство, чтобы проявить Свою силу. Он использовал физические предметы, такие как посох Моисея, чтобы являть Свою силу и совершать чудеса (Исход 4:3). Бог использовал реку Иордан, чтобы исцелить Неемана (4-е Царств 5). Он может использовать елей для исцеления (Иакова 5:14). Однажды Иисус использовал Свою слюну, чтобы исцелить слепого (Матфея 8:22-26). Даже ту одежду, которую носил Христос, Бог использовал для того, чтобы остановить хроническое кровотечение женщины (Матфея 9:20-22). Кроме того, платки и опоясания, к которым прикасался апостол Павел, приносили освобождение угнетенным (Деяния 19:12). Известно, что дьявол – всего лишь имитатор, он не создает ничего нового, а только копирует и извращает, то, что создано Богом. Поэтому большинство чародеев и колдунов используют в своей практике физические вещи, например амулеты и индейские ловушки снов.

В Ветхом Завете описана история Ахана, который во время сражения за Иерихон взял себе запретные вещи врага. Он не просто нарушил Божье повеление, он навлек проклятие на все израильское войско, в результате чего погибли 36 воинов. За это Ахан и все его ближайшие родственники были преданы смерти (И. Навин 7:11-25).

Существуют вещи и предметы, которые были посвящены демонам, их необходимо уничтожить и ни в коем случае не вносить в свои дома. Ведьмы и волшебники молятся над разными амулетами, чтобы навлекать проклятия на невинных. Очень часто эти предметы дарят в подарок или продают в магазинах, к таким вещам прикреплены проклятия, которые влияют на жизнь человека. Библия провозглашает: "...и не вноси мерзости в дом твой, дабы не подпасть заклятию, как она; отвращайся сего и гнушайся сего, ибо это заклятое" (Второзаконие 7:26). Вот почему во время духовного пробуждения в Эфесе люди сжигали все свои оккультные книги (Деяния 19:19).

Однажды в нашу церковь женщина привела свою сестру, чтобы помолиться за нее. Бедная девушка не могла даже работать из-за неконтролируемых рыданий, она просто все время плакала. Наша молитвенная команда стала молиться за нее, и у девушки началась сильная рвота. После этого она ощутила невероятное облегчение. Однако на следующий день, в понедельник, как только она переступила порог своего дома, все повторилось и ситуация с плачем вернулась. Получив от нее телефонный звонок, мы приехали к ней домой и увидели, что она стоит на коленях в ванной комнате, ее рвет и одновременно у нее льются слезы. Девушка не могла даже говорить. Мы начали ходить по ее дому и молиться, а она оставалась в ванной комнате. Я просил Бога показать причину этого безумия в ее жизни.

Внезапно я посмотрел на входную дверь и заметил прикрепленный небольшой листок бумаги со словами на испанском языке. Там присутствовало слово "diablo", что означает "дьявол". Я спросил ее, что это, и она ответила, что это молитва. Какая-то женщина из Мексики дала этот клочок бумаги с молитвой ее бывшему парню, якобы это будет защищать их дом и их отношения от зла. Для некоторых это может показаться чем-то невинным, но почему-то меня никак не покидало странное чувство при виде этого листа бумаги. Затем она рассказала нам, что ее бывший парень, отдыхая в Мексике, зашел к этой пожилой даме, которая была очень религиозна и занималась колдовством, она провозгласила над ним "благословение". Вдобавок к написанной ею молитве, эта женщина дала ему несколько разных предметов. Она гарантировала, что если их взаимоотношения разладятся, то будут происходить недобрые вещи. Когда парень порвал с ней, девушка начала много плакать и у нее открылась постоянная рвота.

Итак, мы решили выкинуть в мусор все предметы, подаренные этой ведьмой вместе с ее молитвенной запиской. Как только эти вещи покинули руки девушки, ее лицо сразу преобразилось, слезы остановились, и рвота немедленно прекратилась. После этого ее жизнь нормализовалась, и вскоре она продолжила работать медсестрой. Спустя некоторое время ее бывший парень тоже пришел к нам в церковь. Он вышел вперед на молитву и тоже получил спасение и освобождение. Это всего лишь один из примеров того, как некоторые предметы, молитвенные записки и амулеты, подаренные слугами сатаны, способны притягивать злых духов и атаковать жизни людей.

Под проклятием могут быть также дома и помещения – не зря есть выражение "дом с привидениями". Очень часто, если в доме произошло убийство или самоубийство, то злые духи оставляют отметки на таких территориях. После чего там продолжают происходить разного рода инциденты с теми, кто туда поселился. Крайне важно всегда молиться и освящать свои дома, разрушая всякие замыслы и метки врага над любым местом жительства, прежде чем туда заселиться.

В нашем городе ходят слухи о доме, в котором один человек совершил самоубийство. Этот дом стали сдавать в аренду и спустя какое-то время все три супружеские пары, которые там жили, в конечном счете развелись. Кроме того, еще один человек, который также арендовал этот дом, слышал странные шумы и видел, как мебель движется по ночам. Подобные паранормальные явления вовсе не выдумка, поэтому мы не должны удивляться, особенно учитывая то, что Дух Господень также реален. Существуют определенные места, где присутствие Божьего Духа более ощутимо благодаря молитвам и постам, совершаемым в этих местах. Люди могут ощущать Божию любовь, мир и радость входя в такие здания, как церкви или собрания верующих.

Тот же самый принцип применим и к транспортным средствам. Существует история о гонщике Джеймсе Дине. Однажды он купил машину марки Порше Спайдер, которую прозвал "Машина смерти" и "Маленький мерзавец". Джеймс Дин приобрел этот автомобиль для участия в гонках в городе Салинас, штат Калифорния. Многие его друзья заинтересовались автомобилем, но узнав больше об этой машине, просили Джеймса не ездить на этой "Машине смерти", иначе он может умереть в течение недели. Именно то с ним и произошло. Неделю спустя Джеймс Дин погиб в ужасной автокатастрофе по пути на гоночную трассу.

Поскольку владельцем "Машины смерти" был очень знаменитый гонщик, то машину распродали по запчастям по весьма высокой цене. Двигатель переставили на другой автомобиль, водитель которого вскоре попал в аварию и погиб. Другой автолюбитель купил коробку передач и вскоре получил множество травм, когда его машина с этой коробкой передач перевернулась. Две шины, доставшиеся одному молодому человеку, лопнули одновременно во время гонки, так что водитель не справился с управлением и оказался в кювете. Помимо этого, когда данный Порше Спайдер хранился в гараже, где-то в Калифорнии, в здании случился пожар и все сгорело, за исключением этого автомобиля. Немного позже, когда водитель грузовика перевозил этот автомобиль из одного города в другой, он потерял контроль над своим грузовиком, так что "Маленький мерзавец" соскочил с прицепа, на котором находился, и задавил водителя насмерть. Были и другие происшествия, связанные с этим авто, о которых я не буду упоминать. В целом этот пример – предупреждение о том, чтобы мы молились о своем транспортном средстве. Вы ведь не знаете, что за машина или кто и куда на ней ездил до вас. Вам просто нужно, чтобы ваше транспортное средство доставляло вас из пункта А в пункт Б, а не в морг или в больницу вследствие аварии.[3]

Возможно, кто-то из вас по незнанию покупал, получал в подарок или по наследству куклу Вуду, фигурку змея, образ дракона, игрушку "Покемон", языческие символы поклонения, сатанинские книги или гороскопы, порножурналы, амулеты, индийские ловушки снов. Вы должны быть готовы выбросить все эти вещи и разорвать любую духовную связь, которую сатана мог установить над вашим домом или вашей жизнью через подобные предметы.

Кроме того, если вы с кем-либо встречались и имели романтические отношения, а после расстались, то вполне благоразумно избавиться от всех подарков и предметов, которые у вас остались от того человека. Эти предметы могут душевно вас связывать и влиять на будущие отношения.

Я вновь и вновь убеждаюсь, что последователи Иисуса не должны иметь ничего общего с празднованием Хэллоуина. Основатель "Церкви Сатаны" однажды сказал: "Я рад, что родители-христиане позволяют своим детям поклоняться дьяволу хотя бы один раз в году". Христиане всего мира отмечают рождение и воскресение Иисуса Христа, а в мире оккультизма такое же значение и важность придается празднованию Хэллоуина. Хэллоуин поощряет страх, мрак и смерть; христианские праздники приносят любовь, свет и жизнь.

Постарайтесь не заходить на территорию дьявола и не вносить в свой дом его вещи. Молитесь особой молитвой посвящения за каждое жилье, в которое вы переезжаете, или транспорт, который вы покупаете. И не участвуйте в бесплодных делах тьмы, посещая мероприятия, на которых прославляется дьявол.

Двери потрясений

Однажды я обедал с Бобом Ларсоном, в его практике более 30 тысяч изгнаний. Во всем мире он считается ведущим христианским экспертом в вопросах экзорцизма и изгнания бесов. Я спросил у него: "Какую дверь демоны чаще всего используют в западных странах, чтобы войти в человека?" Он поделился, что на всех других континентах большинство случаев одержимости происходит из-за оккультизма, а в западных странах – это насилие, потрясения и жестокое обращение.

ОТКРЫТЫЕ ДВЕРИ

Демоны могут войти в человека в результате жестокого надругательства над ним, потрясения, шока, отверженности, изнасилования, насилия в детском возрасте. Все это, в свою очередь, производит обиды и непрощения. Конечно, это очень несправедливо, ведь не по своей воле человек перенес такие ужасные вещи, над ним надругались, а теперь ему нужно еще и разбираться с последствиями потрясений на духовном уровне. Когда в мой дом вломились, это не я оставил окно открытым, а тот, кто жил со мной в одном доме. Мы должны понимать, что решения других людей, таких как члены нашей семьи, могут тоже открыть двери в нашу жизнь для атаки злых духов.

Бывают случаи, когда дух отверженности входит в человека, потому что он при зачатии был нежеланным ребенком, его не хотели родители. Это касается многих детей, которые родились в результате добрачных отношений и "секса на одну ночь". Я вырос в строгой, традиционно-пятидесятнической культуре, где ожидалось, что в каждой семье должно быть как можно больше детей. Предохранение и любые методы контрацепции считались недопустимыми. Многие дети, родившиеся в многодетных семьях, испытывали отвержение со стороны матерей, поскольку семья и без них была уже слишком большой. Поначалу это может показаться чем-то незначительным, однако это вызывает дух отверженности в жизни ребенка. Позже отверженность может проявиться в виде непослушания, бунта и плохих поступков.

Поверьте, я встречал множество женщин, которые не хотели иметь много детей, но церковные догмы буквально принуждали их к этому. Матери рождали малышей, которые были для них тяжким бременем, эти дети вырастали и вели себя дерзко, по-другому, не так как их сверстники. Когда они повзрослели, Святой Дух показал им, что чувство отвержения было посажено в них посредством слов и отношения со стороны их родителей, начиная еще с момента, когда они были в утробе матери. Многие из этих детей были в смятении всю свою жизнь.

ПУТЬ К СВОБОДЕ

Чтобы разрешить это, матерям нужно прийти к Богу и к своим детям и покаяться. Им нужно вместе помолиться и убрать все отпечатки отверженности, иначе это может привести к бунту. Если вы были нежеланным ребенком и страдаете от духа отверженности в вашей жизни, вы можете также обрести свободу во имя Иисуса.

Отверженность с утробы матери – это не единственное потрясение, из-за которого дух отверженности имеет доступ. Семья без отца – еще одно очень распространенное явление. Мы живем в таком поколении, когда многие дети не знают своих отцов. Статистика показывает, что большинство убийц вырастали без папы в доме. Многие дети, бросившие школу, также не имели отца. Дети чаще всего сбегают из дому и становятся бездомными, если в их жизни нет папы. Количество случаев насилия над детьми и изнасилования значительно возросло за последние десятилетия, и становится все больше. Отсутствие в семье отца разрушительно для жизни маленького человека, так же как и отвержение с утробы матери. Подобная отверженность порождает бунт и неповиновение. Мы наказываем детей за непослушание, но почти никогда не заглядываем в корень, чтобы разобраться с отверженностью.

"Итак, покайся в сем грехе твоем и молись Богу: может быть, отпустится тебе помысел сердца твоего; ибо вижу тебя исполненного горькой желчи и в узах неправды" (Деяния 8:22-23). Симон, чародей, использовал духовные силы для того, чтобы манипулировать людьми и жил в узах неправды. Апостолу Петру было открыто Духом Святым истинные мотивы и намерения этого человека. Симон был волхвом и был отравлен горечью и злобой, которые тяжко связывали его душу. Обратите внимание, что он до этого принял спасение и был крещен, однако оставались злые корни, которые нужно было извлечь, так как они открывали двери для оков неправды. Если вам кажется, что у вас есть право обижаться и озлобляться, тогда и сатана имеет право держать вас в кандалах. Если же вы хотите освободиться от демонического бремени, нужно прощение, чтобы прощением, как лопатой выкорчевывать глубокие и ядовитые корни обид, озлобленности и горечи.

Многим из нас известна притча Иисуса о том, как одному слуге простили огромный долг, а он в свою очередь отказался простить небольшой заем своему товарищу (Матфея 18:34). Тогда государь отдал его истязателям. Истязатели – это демоны, которые входят через открытые двери обид и горечи и начинают угнетать жизнь человека. Когда мы получаем Божье прощение, но отказываемся простить тому, кто обидел или поранил нас, это открывает двери для демонов.

Одна девушка, которая вела лесбийский образ жизни, получила приглашение через социальные сети на конференцию нашей церкви. Она посетила служение и во время молитвы в ней проявился злой дух, который был изгнан силой Святого Духа. Позже девушка рассказала, что в детстве ее изнасиловал кто-то из родственников. Сразу после инцидента она почувствовала, как что-то вошло в нее. Сегодня, благодаря обновлению ее разума и участию в процессе ученичества, эта девушка является частью нашей команды служителей и возрастает во Христе. Дух лесбиянства, мучивший ее, остался в прошлом.

Я убежден, что не только акт насилия автоматически посылает демона в жизнь человека, но и ответная реакция на происшедшее.

Предают нас, реагируем мы. Предательство совершают люди, но именно мы позволяем или не позволяем прорасти обиде и горечи. Многие люди веры, о которых упоминается в Библии, в том числе и наш Спаситель, прошли огромные потрясения и испытания, но при этом остались верными Богу. Нам нужно научиться исповедовать свои грехи, прощать обижающих, противостоять врагу и быть в общении с верующими людьми.

ПУТЬ К СВОБОДЕ

Так же могут быть необходимы консультации и душепопечение, чтобы вовремя исцелить все нанесенные раны.

Помните, любую открытую дверь можно закрыть покаянием. В свою очередь покаяние приведет к жизни в святости и свободе.

Молитва

"Отец, в Твоем слове написано, что Иисус есть путь и дверь овцам. Я глубоко раскаиваюсь, что по незнанию и глупости открыл дверь оккультизма в своей жизни. Прости меня. Я обещаю выкинуть все демонические вещи и оккультные предметы из своего дома, машины и из своей жизни.

Господь Иисус, омой меня Своей кровью. Дух Святой, коснись меня огнем Своей любви и очисти от любых последствий отверженности. Я принимаю Твое слово, что я желанный Тобою и Ты принимаешь меня. Прямо сейчас я выбираю прощать и закрываю любые открытые двери для дьявола в своей жизни. Иисус, я открываю дверь в своем сердце для Тебя и Твоего слова".

ГЛАВА 4

ПОГРЕБАЛЬНАЯ ПЕЛЕНА

Впервые я встретился с Эдером на футбольном поле. Как оказалось мы оба любим футбол. После игры я пригласил его к себе на домашнюю группу. Ни один из нас в то время не умел нормально говорить по-английски. Я использовал все свои знания языка, чтобы помочь ему приблизиться к Иисусу и обрести близкие отношения с Богом. Хотя Эдер отдал свою жизнь Иисусу, он все равно посещал пьяные вечеринки и развлекался со своими неверующими друзьями по выходным. Через некоторое время он переехал жить в Нью-Йорк, где повстречал прекрасную девушку Татьяну, любовь всей его жизни. Вскоре они женились. И Эдер, и Татьяна выросли в неполных семьях, их родители были в разводе. Я предупреждал его, еще когда тот жил в нашем городе Трай-Сити, что проклятие развода может передаваться по роду и однажды ему, возможно, придется столкнуться с его родовым проклятием. Как мог я пытался объяснить ему, что "вечеринки по выходным" являются лазейкой для дьявола, из-за чего он может однажды повторить судьбу своих родителей.

Вскоре после их свадьбы я получил сообщение от Татьяны, что Эдер собирается бросить ее. На самом деле у них все шло хорошо. Не было ни ссор, ни измен. Просто все произошло слишком быстро, и Эдера охватило ощущение того, что он запутался и в своих мечтах попал в ловушку. Самым странным во всем было то, что Татьяна была той единственной девушкой его мечты, о которой он мечтал, и все же он решил бросить ее. Не было никаких реальных оснований для того, чтобы эта молодая семья разрушилась.

Я помню, как позвонил ему и объяснял, что только дьявол мог вложить в его сердце подобные чувства, чтобы традиция разводов продолжилась в его семейной линии. Я ободрял его молиться и противостоять родовому проклятию, чтобы он смог победить и обрести родовое благословение. У Эдера есть хорошие качества характера – его стремление к истине и умение выслушать. Итак, мы с ним помолились и он решил дать своему браку второй шанс. Через несколько месяцев я получил известие, что все наладилось и что у них снова счастливый брак.

Вскоре Эдер и Татьяна переехали жить в Трай-Сити и обновили свое посвящение Иисусу. Затем они решили принять водное крещение. Поначалу им было трудно влиться в новое окружение и найти работу, поэтому к Эдеру вернулось навязчивое желание развестись, бросить все и уехать в свою родную страну. Мы решили встретиться с ним в кафе. Я снова объяснил ему, что дьявол из последних сил пытается внушить ему мысли о разводе. Я убеждал, что он свободен и что точно так же, как фараон гнался за израильским народом спустя три дня после выхода из Египта, точно так же сейчас дьявол бросает свои последние силы, чтобы разрушить их брак. Израильтяне не сдались и не вернулись в Египет после того, как однажды обрели свободу. Они продолжили двигаться вперед, и Бог потопил фараона и его армию в Чермном море.

Пророчески я знал, что если Эдер не поддастся дьявольским провокациям о разводе, то навязчивые чувства прекратятся и уйдут навсегда. Мы помолились и разошлись по своим делам. С тех пор прошло более шести лет. Сегодня это счастливая пара, которая ждет рождения своего третьего ребенка. За это время мой друг увлекся фотографией. Эдер и Татьяна искренне любят друг друга и являются прекрасным примером для многих семейных пар и доказательством того, что прошлое больше не определяет ваше будущее.

Проклятия вполне реальны

Большинство евангельских христиан Америки не верит в реальность проклятий. А вот люди, живущие в странах Карибского бассейна, Южной и Центральной Америки, Африки, Индии, Азии и Дальнего Востока, верят и относятся к проклятиям совершенно иначе. Уже несколько сотен лет в Соединенных Штатах преобладает христианская культура. И, как результат, здесь нет большой нужды в освобождениях от последствий оккультизма и идолопоклонства, как например в других странах. Хотя в последнее время и в Америке стали активно распространяться лжерелигии, поэтому ситуация меняется.

Когда Адам и Ева согрешили, то навлекли проклятие на землю и на процесс деторождения (Бытие 3:17-18). Позже, их первенец убил младшего брата, и тем самым навлек на себя проклятие (Бытие 4:11-16). Сын Ноя опозорил своего отца, и также привлек проклятие на свой род (Бытие 9:24-27). Проклятия сопровождали человечество на протяжении всей истории, записанной в Ветхом Завете.

Мы ясно видим, что нарушение заповедей Божьих навлекает проклятие, а послушание Богу производит благословение. Если вы осознаете, что есть благословения, тогда вы должны понимать, что существуют и проклятия.

"Быть благословленным" означает иметь силы и возможности для расширения и подъема. Бог благословил наших прародителей Адама и Еву; Он благословил Ноя и Авраама. Иисус также благословил Своих учеников перед вознесением на небеса. Благословение наделяет нас особой силой.

ПУТЬ К СВОБОДЕ

Лучшие примеры того, как действует благословение, можно увидеть в жизни Иисуса. Когда Он благословил несколько хлебов, то они умножились; но, когда Иисус проклял смоковницу – она увяла (Матфея 14:19, 21:19). Итак, благословение приносит умножение, а проклятие производит увядание и отмирание. Благословение ведет нас вперед, а сила проклятия удерживает на одном месте. В 28-й главе книги Второзакония перечислены все основные благословения и проклятия, с которыми вы можете столкнуться в своей жизни. К проклятиям относятся хронические болезни, страхи, фобии, повторяющиеся беды и происшествия, преждевременная смерть, постоянный недостаток финансов, бедность, повторяющиеся несчастные случаи, разводы и бесплодие.

Иисус пришел на землю и умер на кресте за все наши грехи, но не только за грехи. Он отобрал силу у царства тьмы и удалил последствия грехов из нашей жизни. Поэтому Его раны имеют силу исцелять любую болезнь. На кресте Он разрушил силу любых проклятий. Он мог бы принять смерть от побивания камнями, быть обезглавленным или умереть каким-либо другим путем. Однако Бог избрал распятие, чтобы на кресте покончить сразу со всеми грехами и со всеми проклятиями.

В Библии написано: "Проклят всякий, висящий на древе" (Галатам 3:13). Свобода от проклятий и полное искупление включено в завершенную работу Иисуса на кресте. Когда мы получаем спасение, вместе с ним нам даруется свобода от проклятий. Благодаря Голгофскому кресту мы имеем все обетования и благословения Божьи, однако теперь мы должны овладеть ими, а не просто говорить, что они нам принадлежат. Бог обещал землю обетованную израильскому народу, но они не могли пойти и жить в ней, им нужно было отвоевать то, что по обетованию принадлежало им. Тот же принцип обетованной земли применим и к нашей победе над грехом, проклятиями и демонами.

ПОГРЕБАЛЬНАЯ ПЕЛЕНА

Живой, но связанный

Воскрешение Лазаря является прекрасной иллюстрацией того, как мы освобождаемся от проклятий. Лазарь был хорошим другом Иисуса, но однажды он заболел и умер. Грех, кстати, работает по такой же схеме: человек не становится духовно ниже, грех духовно умерщвляет человека. Итак, Иисус пришел и провозгласил слово, которое спасло и воскресило Лазаря из мертвых. Точно так же действует спасение, оно дается нам через Иисуса, и мы некогда мертвые становимся живы. Когда Лазарь был мертв, его крепко обмотали погребальными пеленами, даже лицо обернули тканью. Иисус сказал: "…развяжите его, пусть идет" (Иоанна 11:44). Другими словами, Лазарь воскрес и был уже жив, но он все еще оставался связан погребальными пеленами.

Когда мы духовно мертвы, то враг крепко связывает нас. Нет ничего сложного в том, чтобы связать мертвого человека, но связать живого очень трудно, почти невозможно. Самый лучший способ избежать проклятий – это быть как можно ближе к Духу Святому. Ведь труднее всего попасть именно в живую мишень. Погребальные пелена связывали руки, ноги и лицо Лазаря. Не забывайте, что он был жив, однако связан и ограничен в способностях ходить (ноги), работать (руки), видеть и слышать (лицо). Дьяволу нравится связывать наши ноги, чтобы мы не могли бежать к Богу, сковывать наши руки, чтобы мы не поднимали их в молитве и поклонении нашему Спасителю. Кроме этого, враг также пытается закрыть нам лицо, чтобы мы не видели действий Бога, не слышали Его голос и не ощущали Его чудесное присутствие.

Если вы связаны в своих действиях, это не означает, что вы мертвы духовно, но всего лишь весьма ограничены. Когда я объясняю этот принцип в своей проповеди, то наглядно показываю, что значит быть связанным. Я беру липкую ленту и неспеша обматываю уши, глаза, руки и ноги какого-нибудь добровольца. После этого я говорю ему: "Давай, иди!" Все конечно смеются, потому что человек плохо слышит, ничего не видит и не поймет куда идти. У него даже не получается идти, он только может попрыгать. Если добровлец не будет осторожен, то может упасть и удариться. Таким наглядным примером я хочу объяснить всем, что именно так выглядят христиане, которые связаны: они живы, но очень ограничены. Такому христианину не хватает устойчивости и твердости. Некоторые люди считают, что если человек истинно рожден свыше, то у него не будет подобных проблем.

Лазарь на самом деле был жив, но при этом он был связан. Может быть вы в своем состоянии похожи на Лазаря: вы рождены свыше, но до сих пор носите погребальные пелена: прошлые потрясения, хронические болезни, передаваемые из поколения в поколение; может вы заметили, что многие в вашем роду разводятся или переживают постоянную недостачу финансов, происходят несчастные случаи, неудачи не пропускают Божьи благословения. Иисус повелел Своим ученикам развязать Лазаря, и я так рад, что они это сделали.

Эта книга является поручением от Господа, чтобы помочь вам обрести свободу в Его имени. Но прежде чем мы пойдем глубже, давайте рассмотрим три вида похоронной одежды, которую использует дьявол, чтобы удерживать вас и ограничивать ваш потенциал.

Родовые проклятия

Родовые проклятия передаются по наследству из поколения в поколение, когда все люди в роду сталкиваются с теми же проблемами и бедами, с которыми сталкивались их предки. Библия называет это "беззаконием отцов" (Числа 14:18). Например, у Авраама был отец, который поклонялся идолам (И.

ПОГРЕБАЛЬНАЯ ПЕЛЕНА

Навин 24:2). И хотя Авраам вышел из язычества и оккультной среды, но он все равно столкнулся с определенными склонностями, такими как страх и ложь. Да, Авраам неоднократно лгал царям о своей жене, называя ее своей сестрой. Его сын Исаак также лгал о своей жене. Затем внук Авраама обманул своего отца, чтобы получить право первородства, а его правнуки лгали о том, что произошло с Иосифом. Кроме того, ложь была не единственной наследственной проблемой, которая передавалась по их роду, ведь многие их жены были бесплодными.

Когда человек рождается, он отображает черты своих родителей, которые передаются ему в генах, например, цвет волос, глаз, оттенок кожи и многое другое. Кроме этого, могут передаваться черты характера. По статистике, вероятность того, что человек будет склонен к алкоголизму в 10 раз больше, если родители были алкоголиками.

Мы наследуем плохие черты наших родителей через гены, но эти гены бездействуют в нашей жизни до тех пор, пока мы не активируем их своими действиями или поступками, а также с помощью тех, с кем мы общаемся. Этот принцип передачи применим как к родовым благословениям, так и к родовым проклятиям. Определенные черты и склонности передаются через гены, но это вовсе не означает, что все они будут активированы и проявятся в вашей жизни. Негативный опыт, плохие компании и нехорошие поступки – вот что может активировать нежелательные генетические склонности. Если вы окружаете себя верующими людьми, наполняете разум Божьим словом и почитаете Бога во всех делах своих, тогда негативные гены, унаследованные по роду, не будут активированы в вашей жизни.

Мы должны понять, что если мы не будем благочестивы, то будем нести наказание за проступки наших предков (Иезекииль 18:2).

ПУТЬ К СВОБОДЕ

Две Семьи: Эдвардсы и Джуксы

Однажды А. Уиншип провел исследование истории двух семей. Родоначальником одной семьи был Джонатан Эдвардс, а другой – Макс Джукс. В ходе исследования Уиншип посетил разные тюрьмы и разговаривал с преступниками, которые были потомками Макса Джукса. Просмотрев их личные дела, рапорты и свидетельские показания, он узнал, что Макс Джукс, закоренелый атеист, жил безбожной жизнью. Он женился на неверующей девушке, от их союза произошло 540 потомков, 310 из которых умерли в нищете, 150 были преступниками, семеро были убийцами, 100 были алкоголиками, и большая половина женщин была проститутками. Его 540 потомков обошлись государству ущербом в 1,25 миллиона долларов.

Немного позже Уиншипа попросили подготовить подробное обозрение рода Джонатана Эдвардса, который был набожным проповедником, был женат и имел 11 детей. Уиншип обнаружил, что в роду Эдвардса оказалось много выдающихся людей: один вице-президент США, три сенатора, три губернатора, еще три мэра, 13 директоров колледжей, 30 государственных судей, 65 профессоров, 80 различных государственных деятелей, 100 адвокатов и 100 служителей – миссионеров, пастырей и богословов. Не нужно быть особо ученым, чтобы заметить огромную разницу между этими двумя семьями.[4]

"Проклятие Господне на доме нечестивого" (Притчи 3:33). Не только нечестивый находится под проклятием, а и весь его дом. Проклятия могут тянуться из поколения в поколение, пока кто-то не противостанет и не положит им конец.

Проклятие рода Кеннеди

"Проклятие семьи Кеннеди" – так называют целую цепочку трагедий и несчастных случаев в известной американской семье.

ПОГРЕБАЛЬНАЯ ПЕЛЕНА

Некоторые критики утверждают, что это является нормальной чередой событий, которые происходят во многих семьях. Тем не менее однажды сенатор Эдвард "Тэд" Кеннеди открыто размышлял о том, не стал ли весь его род жертвой "ужасного проклятия". По-видимому, он чувствовал, что проклятия могут быть вполне реальными.[5]

В роду Кеннеди произошли следующие события:

1941 год – Розмари Кеннеди начала испытывать резкие перепады настроения, симптомы психического расстройства. Ее отец, переживая за репутацию семьи, убедил врачей тайно, без огласки, провести ей лоботомию (нейрохирургическую операцию), после которой она утратила способность говорить и ходить. Ее отправили в учреждение для душевнобольных, где она жила до своей смерти в 2005 году.

12 августа 1944 года – Джозеф П. Кеннеди-младший умер во время взрыва самолета в Англии во время Второй мировой войны.

13 мая 1948 года – Кэтлин Кеннеди, маркиза Хартингтон, умерла в результате авиакатастрофы во Франции.

9 августа 1963 года – Патрик Бувьер Кеннеди родился преждевременно и спустя два дня умер от дыхательной недостаточности.

22 ноября 1963 года – президент Америки Джон Ф. Кеннеди был застрелен в Техасе.

19 июня 1964 года – американский сенатор Тэд Кеннеди попал в авиакатастрофу, в которой погибло два человека, включая пилота. Ему чудом удалось спастись, так как другой сенатор, который был на борту, вытащил его из самолета. Тэд Кеннеди провел много месяцев в больнице, восстанавливаясь после внутреннего кровотечения, проколотого легкого и серьезных переломов костей.

ПУТЬ К СВОБОДЕ

5 июня 1968 года – американский сенатор Роберт Ф. Кеннеди был убит в Лос-Анджелесе сразу после своей победы на выборах в президенты.

18 июля 1969 года – Тэд Кеннеди вел машину и внезапно слетел с моста на острове Чаппакуиддик. Мэри Джо Копекне, которая ехала вместе с ним, не удалось выбраться из тонущего автомобиля. А Тэд сбежал с места происшествия, в последствии он мучался, что не попытался ее спасти. Вскоре после случившегося, Тэд во время телевизионного интервью сказал, что именно в тот вечер он размышлял о вероятности существования какого-то ужасного проклятия, которое лежит над всем родом Кеннеди.

13 августа 1973 года – Джозеф П. Кеннеди II погиб в аварии, находясь за рулем своего Джипа; его пассажир остался парализован на всю жизнь.

25 апреля 1984 года – Дэвид А. Кеннеди умер от передозировки героина в гостиничном номере во Флориде.

1 апреля 1991 года – Уильям Кеннеди Смит изнасиловал молодую женщину в поместье Кеннеди во Флориде. Его арестовали и признали виновным. Однако из-за активного вмешательства прессы Смита впоследствии оправдали.

31 декабря 1997 года – Майкл ЛеМойн Кеннеди умер в результате несчастного случая на горнолыжном курорте в Колорадо.

16 июля 1999 года – Джон Ф. Кеннеди-младший, управляя частным самолетом погиб в авиакатастрофе над Атлантическим океаном, с ним также погибли его жена и невестка.

16 сентября 2011 года – с Карой Кеннеди случился сердечный приступ прямо во время тренировки в спортзале. Ей было всего 51. А за девять лет до этого случая у нее был обнаружен рак легких и часть правого легкого была удалена.

ПОГРЕБАЛЬНАЯ ПЕЛЕНА

16 мая 2012 года – Мэри Ричардсон Кеннеди покончила с собой в своем доме в Нью-Йорке.⁶

Эти ужасные трагедии и преждевременные смерти в семье Кеннеди не являются чем-то естественным и нормальным. Библия указывает нам, что это сигналы родового проклятия. Очевидно то, что богатство и известность не останавливают проклятие; только Иисус имеет власть и силу разрушить его.

Как вести себя с врагами наших отцов

Много лет назад я купил дом, который был в запущенном состоянии. Я хотел сдавать его в аренду и получать небольшой доход. Дом нуждался в капитальном ремонте. На участке земли, где он был расположен, все заросло не просто травой, а кустами и сорняками. Я не садил эти сорняки, поэтому они меня раздражали, я хотел видеть просто зеленую траву. В общем, предыдущий хозяин оставил мне по наследству кучу работы. Я не винил бывших владельцев в безалаберности, а просто распрыскал удобрение, которое уничтожало сорняки и питало обычную траву. Позже, когда я уже продавал этот дом другим людям, у меня на участке росла зеленая, пушистая трава. Я передал новым владельцам дом с очень красивым и ухоженным газоном.

Возможно, ваши родители не разобрались с определенными проблемами в своей судьбе, и в итоге это перешло к вам по наследству. Писание говорит нам не обвинять других людей, а противостать дьяволу и разобраться с корнем любого дела.

Когда Соломон унаследовал трон своего отца, царя Давида, он также унаследовал его врагов, с которыми отец не успел разобраться. Мне очень нравится прослеживать то, как Давид напутствовал Соломона, предупреждая о существовании врагов. Соломону самостоятельно пришлось разбираться с ними. Царь

Давид умер, а его враги никуда не делись, они продолжали доставлять неприятности.

Демоны и проклятия не умирают вместе с каким-то человеком, они продолжают удручать его семью и следующее поколение. Соломон знал, что прежде чем его царство утвердится, нужно разобраться со всеми "демонами", врагами его отца. К сожалению, не у всех нас такие родители, которые могли бы откровенно поведать о своих дурных привычках, неудачах, о своих "врагах". Часто нам приходится самостоятельно разбираться с врагами, которые передались через предков и с которыми не справились наши родители. Соломон считается самым мудрым человеком на земле. Обратите внимание, что он поставил задачей номер один разобраться с врагами отца. И это произошло прежде, чем он начал строить храм для Бога. В итоге он одних сослал, других казнил, и лишь тогда Писание говорит: "…царство надежно упрочилось во власти Соломона" (3-я Царств 2:46, НРП).

Когда вы разрушаете родовое проклятие над собою, тогда вы сможете утвердить Божьи благословения в своей жизни.

Словесные проклятия

Родовые проклятия передаются по наследству, словесные проклятия произносятся в жизнь человека. Написано, что жизнь и смерть – во власти языка (Притчи 18:21). Поэтому слова являются проводниками как проклятий, так и благословений.

Кто же может наложить словесное проклятие? Мы знаем, что Бог провозгласил слова проклятия над змеем и землей (Бытие 3:14; 3:17; 5:29). Также Бог пообещал, что будут прокляты те, кто проклянет Авраама (Бытие 12:3). Кроме того, из предыдущих глав вы узнали, что участие в оккультных практиках является причиной, по которой проклятия приходят в жизнь человека.

ПОГРЕБАЛЬНАЯ ПЕЛЕНА

Однако не только Бог, но также люди могут провозглашать проклятия. Например, Иисус Навин проклял Иерихон, царь Давид проклял горы Гильбоа, пророк Елисей проклял своего слугу, а Иисус проклял смоковницу (И. Навин 6:26; 2-я Царств 2:21; 4-я Царств 5:26-27).

Дети Божии несут огромную ответственность – благословлять людей, а не проклинать их. У вас может возникнуть желание поспорить на этот счет, ведь Елисей и Иисус Навин проклинали других, значит и мы можем делать то же самое. Но это вовсе не так. В Новом Завете, когда ученики Иисуса хотели призвать огонь с неба на города Самарии, они ссылались на Илию в качестве примера из Библии, чтобы оправдать свои побуждения. Однако Иисус остановил их: "...Он, обратившись к ним, запретил им и сказал: не знаете, какого вы духа" (Луки 9:55). На самом деле Дух Христов всегда желает благословения людям.

Я помню, как однажды молился за женщину. В какой-то период своей жизни она посещала определенную церковь, пастор той церкви однажды заявил, что если кто-нибудь уйдет из его церкви, то дети этого человека отвернутся от Бога и уйдут в мир. Эта женщина вышла из его церкви и вскоре, действительно, все ее дети начали по одному отступать от Бога. Она подошла ко мне, чтобы мы вместе помолились и разрушили сказанные слова, которые, как она видела, повлияли на ее семью. Наша ответственность как Божьих служителей состоит в том, чтобы проклинать болезни, демонов и злодеяния тьмы, но ни в коем случае не проклинать людей своими словами.

Не только Божьи люди могут произнести проклятие, которое будет иметь силу, но также люди, которые находятся во власти над человеком. Например, родители имеют власть над своими детьми, а мужья – над своими женами. Отцы имеют огромный авторитет в духовном мире, они имеют власть высвободить благословение или проклятие в жизни своих детей. Наш прародитель Ной проклял своего сына за ошибку, которую тот совершил. Его проклятие легло на поколения людей, произошедших от Хама.

Никакой человек не совершенен, но провозглашая благословение мы помогаем людям подняться и стать лучше. Когда люди совершают ошибки, грешат против нас, подводят или сильно обижают, мы оказываемся на развилке, где выбор за нами – провозгласить силу проклятия или благословения в их жизни. Такие слова, как "ничтожество ", "тупой", "от тебя нет никакого толку", "почему ты не можешь быть как кто-то", "ты толстый", "урод", а также "чтоб ты умер", могут показаться кому-то просто сильным всплеском гнева и ничем более. Однако дьявол хватается за такие слова, чтобы навлечь зло в жизнь человека.

Однажды я проповедовал в летнем лагере. После служения один молодой человек вышел вперед, чтобы я за него помолился. Он не очень хорошо учился в школе, и его мама постоянно говорила ему: "Ты реально отстаешь" и "Почему ты такой тупой". По его щекам текли слезы, когда он рассказывал мне об этом. Эти слова словно цепи сковывали его и ограничивали его успех в учебе. Мы помолились с ним, отреклись от этих слов и заменили их позитивным исповеданием. После чего я провозгласил над ним слова благословения, приняв на себя роль его духовного отца.

Еще один источник "словесных проклятий" – это слуги дьявола, ведьмы и колдуны. Они могут навлечь проклятия на тех, кому хотят навредить. Понимая духовный принцип благословений и проклятий, Валаак нанял Валаама, чтобы тот проклял Израиля и тогда бы израильская армия потерпела фиаско в сражении с ним. Однако мы не должны бояться никаких заклятий-проклятий, наговоренных слугами сатаны.

Я слышал огромное количество признаний и свидетельств людей, которые из зависти обращались к колдунам и ворожеям, чтобы те наложили проклятие на их врагов. Однако после этого в их жизни тоже приходили беды. Главная загвоздка в том, что заклятие, наложенное на кого-то, вообще-то может возвратиться к самому человеку. Поэтому, мы как христиане не должны бояться дьявола и его проклятий.

"...Незаслуженное проклятие не сбудется" (Притчи 26:2). Мэтью Генри прокомментировал это так: "Тому, кто проклят безосновательно в ярости или предан торжественно анафеме, проклятие причинит зла не больше, чем птица, летающая над его головой, и чем проклятие Голиафа в адрес Давида. Оно улетит, как воробей или ласточка, и никто не будет знать куда. Так и проклятие в конце возвратится на голову того, кто произнес его".[7] Если мы будем служить Богу, тогда Он нас защитит – мы можем даже не знать о некоторых вещах, которые происходят.

Проклятие самого себя

И наконец последний источник словесных проклятий – это мы сами. Да, мы тоже можем провозгласить проклятие на самих себя. Те слова, которые вы говорите самим себе или о себе, могут стать вашей собственной клеткой.

Бог защищал потомков Авраама от проклятий многих людей, но только не от их собственных. Еврейский народ однажды сам на себя произнес проклятие (Матфея 27:24-25).

Есть множество причин, почему я никогда не ругаюсь и не сквернословлю, ведь сквернословить и злословить – это то же самое, что и произносить проклятия. Когда мы говорим ругань, мы высвобождаем проклятия. Нужно покаяться и больше никогда не сыпать проклятия на самих себя, а вместо этого, начать провозглашать Божье слово и Его намерения о нас. К примеру, если вы заболели, координируйте свои мысли и слова, приводя их в соответствие с Божьим словом. Говорите: "Не умру, но буду жить" (Псалом 117:17). Когда вы ослабли, говорите: "Я силен и все преодолеваю силою Возлюбившего меня, Иисуса" (Иоиль 3:10; Римлянам 8:37).

Я не предлагаю отрицать существование проблем. Важно не возносить их на пьедестал, чтобы они могли отрицательно влиять на нас. Например, посмотрите на данную расстановку: когда я плохо себя чувствую, я говорю: "Я не больной, который пытается выздороветь. Я здоровый человек, который борется с болезнью". Если вы воюете с греховными привычками, говорите: "Я не грешник, который пытается быть святым. Я праведник и сражаюсь с грехом".

Бог хочет, чтобы мы покаялись во всех негативных словах, которые произносили на самих себя, заменив их на позитивное провозглашение Божьего слова. Когда Петр трижды отрекся от Иисуса, Иисус не только простил его, но также обернул вспять силу тех слов, заставив Петра трижды провозгласить обратное, провозгласить что он любит Его.

Заслуженные проклятия

Как я уже упоминал ранее, родовые проклятия передаются по наследству, словесные проклятия провозглашаются другими людьми или нами самими. Однако существуют также "заслуженные проклятия", которые активируются законом сеяния и жатвы. Например, проклятие Иофама – отличная иллюстрация этого принципа (Судей, глава 9). Когда его брат Авимелех убил 70 своих братьев без какой-либо причины, то жители города Сихема провозгласили убийцу своим лидером. Иофам же проклял и Авимелеха и город Сихем. Жители города и их новый лидер наслаждались временным благоденствием на протяжении трех лет, но затем у них начались проблемы. "И послал Бог злого духа между Авимелехом и между жителями Сихема, и не стали покоряться жители Сихемские Авимелеху" (Судей 9:23).

Злой дух всегда идет туда, где есть проклятие. Такие духи сеют ссоры и проблемы, и все заканчивается поражением. Авимелеха ждала позорная смерть и в итоге он пожал то, что посеял. "И все злодеяния жителей Сихемских обратил Бог на голову их; и постигло их проклятие Иофама, сына Иероваалова" (Судей 9:57). Как мы видим, именно духовные силы стояли за всеми бедами, которые настигли Авимелеха и жителей Сихема. Духовные силы тьмы всегда содействуют проклятиям.

Семь библейских причин заслуженных проклятий

1. Поклонение идолам (Второзаконие 27:15). Мы уже успели узнать из предыдущих глав, что идолопоклонство, оккультизм и колдовство являются открытой дверью для проклятий.

2. Неуважение к родителям (Второзаконие 27:16). Из 10 заповедей единственной, которая несет в себе обетование благословения, является заповедь о почитании отца и матери. Почитание родителей приносит благословение в вашу жизнь, и будьте уверены, что неуважение навлечет проклятие. Я всегда говорю подросткам: "Если хотите прожить долгую и счастливую жизнь – почитайте своих родителей. Исполнение этой заповеди гораздо важнее, чем ваше образование или хорошие связи".

3. Несправедливое отношение к слабым и беспомощным (Второзаконие 27:18-19). Когда мы поступаем несправедливо и беззаконно по отношению к другим людям, мы навлекаем проклятия. Каин был под проклятием после того, как убил своего брата (Бытие 4:11-12). Аборты – это также убийства, которые приносят проклятия. Я неоднократно молился об освобождении женщин, которые стали одержимы демонами после того, как сделали аборт. Когда мы отнимаем чью-то жизнь или причиняем глубокую рану – особенно если эти люди слабые или беспомощные – это открывает дверь в нашу жизнь для всевозможных бед и проклятий.

4. Аморальное поведение, сексуальные извращения и кровосмешение (Второзаконие 27:20-23). Секс – это не только физический акт, но и духовный. В результате полового акта человек становится единым целым с другим человеком (1-е Коринфянам 6:16). Презервативы могут защитить только от заболеваний, передающихся половым путем, но не от демонов. Демоны могут передаться от одного человека другому во время полового акта. Я слышал огромное количество свидетельств людей, которые служили царству тьмы, и которым дьявол поручал завлекать как можно больше людей под его влияние, занявшись с ними сексом. Защита от демонических атак – это чистый и непорочный образ жизни, а также хранение себя до брака.

5. Антисемитизм (Бытие 12:3). Могущественные империи, которые атаковали еврейский народ и пытались стереть его с лица земли, горько за это поплатились. Бог обещал, что злословящие Израиль будут прокляты. Всем нам известна история Адольфа Гитлера, лидера нацистской Германии, который был одержим идеей уничтожить всех евреев. У него и его режима был ужасный конец. Сегодня многие арабские страны продолжают в том же духе. Даже при том, что у них есть много нефти и денег, они находятся под проклятием. Как отмечает Брэт Стивенс в журнале "Wall Street Journal": "Сегодня на Ближнем Востоке нет ни одного крупного университета, никакой серьезной научной базы, а литература и вовсе чахнет". В 2015 году Американское патентное бюро приняло заявки на 3 804 патента из Израиля и всего 364 из Саудовской Аравии, 56 из

ПОГРЕБАЛЬНАЯ ПЕЛЕНА

Объединенных Арабских Эмиратов и 30 из Египта".[8] Кроме того не забывайте, что все авторы книг Библии были евреями и наш Спаситель произошел от еврейского народа. Он также вновь грядущий Царь, который воссядет на престоле Давида. Мы должны продолжать молиться за мир в Иерусалиме, тогда Божии благословения изольются в нашу жизнь.

6–7 Воровство и лжесвидетельство. "...это проклятие, исходящее на лицо всей земли; ибо всякий, кто крадет, будет истреблен, ...и всякий, клянущийся ложно, истреблен будет... Я навел его, говорит Господь Саваоф, и оно войдет в дом татя и в дом клянущегося Моим именем ложно, и пребудет в доме его, и истребит его, и дерева его, и камни его" (Захария 5:3-4). Воровство является грехом, поскольку нарушает одну из Божьих заповедей, а также оно открывает дверь проклятиям на дом согрешившего. Иуда был учеником Иисуса, но, несмотря на близость к Господу, он был вором. Воровство привело к демонической одержимости и в итоге к погибели. Если мы нанимаем людей работать и не выплачиваем им обещанной зарплаты, а обогащаемся за их счет, проклятие войдет в наш дом и поглотит нашу жизнь. Грабежи, воровство, кража личных данных, офисных принадлежностей, интеллектуальной собственности, в том числе незаконное скачивание музыки, фильмов и другого контента, а также кража товаров из магазина – все это является своего рода сеянием, за которым последует жатва в виде многочисленных проклятий.

Те, кто брал чужое, в том числе Ахан, Гиезий, Иуда и воры, висевшие с Иисусом на кресте, были прокляты из-за своих действий, но Спаситель хочет простить каждого вора и разрушить силу проклятий в их жизни. Иисуса распяли между двумя грабителями, но над одним было разрушено проклятие, и он получил спасение, а над другим нет, он так и умер. Однажды Закхей, найдя спасение, пообещал возместить ущерб людям, которых обманул финансово. Иисус не остановил его. А наоборот, Он сказал: "Ныне пришло спасение дому сему, потому что и он сын Авраама" (Луки 19:9).

Чтобы разрушить проклятие над своими финансами, которые вы сами навлекли через воровство, нужно извиниться и возместить убытки. Некоторые люди из нашей команды в прошлом крали вещи из магазинов и у других людей, как результат у них были постоянные финансовые проблемы. Однажды во время молитвы и поста Святой Дух обличил их. Они пошли и извинились перед теми людьми, у которых крали, и компенсировали утрату. Им было невероятно стыдно, но что-то в их жизни поменялось, когда они поступили подобно Закхею. Благодаря их примирительным действиям Божьи благословения стали приходить в финансовую сферу их жизни и материальное положение значительно улучшилось.

К воровству относится не только кража чужого, но и удерживание десятин. "Проклятием вы прокляты, потому что вы – весь народ – обкрадываете Меня" (Малахия 3:9). Отказываясь приносить десятины, мы навлекаем проклятие на свои финансы. Этим мы обкрадываем Бога и не даем Ему возможности благословить нас.

ПОГРЕБАЛЬНАЯ ПЕЛЕНА

Молитва

"Отец, я прихожу к Тебе с благодарным сердцем за то, что Ты послал Иисуса умереть на кресте за мои грехи и мои проклятия. Я каюсь в грехах своих предков, которые не служили Тебе. Я каюсь в любых негативных словах, которые я наговорил на себя и которые не соответствуют Твоему Слову. Я каюсь за горе и беды, которые доставлял своим родителям. Убери из моего сердца любые проявления бунта.

Прости меня за то, что не помогал нуждающимся, когда у меня была такая возможность. Если я что-либо украл, я каюсь в этом и обещаю больше не делать этого. Пусть любое проклятие, которое стало последствием моих поступков, будет разрушено сегодня силой крови Иисуса.

Я разрушаю любое зло, которое передалось мне по наследству через ДНК от моих предков, во имя Иисуса. Я разрушаю любые слова, которые несут смерть, произнесенные против меня людьми, имевшими в моей жизни какую-либо власть. Я разрушаю любые проклятия колдунов и ведьм.

Никакое оружие, сделанное против меня, не будет успешным, во имя Иисуса. Святой Дух, помоги мне ходить в Божьих благословениях и передать их следующему поколению".

ПУТЬ К СВОБОДЕ

ГЛАВА 5

ХЛЕБ, ПРЕДНАЗНАЧЕННЫЙ ДЛЯ ДЕТЕЙ

Эта история произошла довольно давно. Один служитель продал все, что у него было и купил билет на корабль, чтобы иммигрировать в США. Поскольку он потратил все сбережения на билет, то денег на питание в буфетах и ресторанах корабля у него совсем не осталось. Путешествие длилось 21 день. Чтобы как-то питаться все это время, он купил себе большой пакет крекеров с сыром. Каждый день, когда пассажиры корабля отправлялись в столовую, он выходил на палубу со своим пакетом с крекерами и трапезничал там. Он слышал шум и смех, доносящиеся из столовой, и каждый раз напоминал себе о том, что хоть он и беден, и у него нет такой вкусной и разнообразной пищи, зато он плывет в Америку. В последний день путешествия какой-то мужчина подошел к служителю и спросил, почему он ни разу не присоединился ко всем остальным в столовой в обеденное время. Со стыдом служитель признался, что у него совсем не было денег платить за еду в столовой. На что его новый знакомый сказал: "Вся еда, которую подают во всех буфетах и ресторанах корабля, включена в стоимость билета".

Мы, верующие в Иисуса, направляемся в небеса. Христос заплатил за наш билет Своею смертью на кресте. Спасение – это не только пропуск в небеса, а намного больше, это дверь на злачные пажити в Царстве Божьем. Есть и другие благословения, которые включены в наше спасение.

Спасение в прошлом, настоящем и будущем

Наш дух обретает спасение в момент покаяния, душа – спасается через постоянное освящение, а тело обретет спасение в день воскресения мертвых. Другими словами, верующие люди, будучи спасены однажды, продолжаем совершать свое спасение ежедневно, но также и ожидаем грядущее спасение.

Во-первых, мы видим, что любой христианин уже однажды был спасен и перешел из царства тьмы в Царство Христа, от смерти – в жизнь. "Ибо благодатью вы спасены через веру…" (Ефесянам 2:8).

Во-вторых, мы постоянно находимся в процессе спасения. Апостол Павел обращается к коринфянам как к "спасаемым" (2-е Коринфянам 2:15). Также он пишет филиппийцам: "…со страхом и трепетом совершайте свое спасение, потому что Бог производит в вас и хотение и действие…" (Филиппийцам 2:12-13). Эта часть нашего спасения происходит в душе, когда Святой Дух обновляет наш разум, исцеляет эмоции и освобождает нашу волю. Душа – это та часть нашего естества, которая спасается, пока мы живем на земле.

В-третьих, апостол Павел дважды напоминает о нашем грядущем спасении, он говорит, что мы "спасемся" (Римлянам 5:9-10). Это не относится ни к прошлому, ни к настоящему времени, это – часть нашего будущего. Также Павел делает одно интересное заявление: "Ибо ныне ближе к нам спасение, нежели когда мы уверовали" (Римлянам 13:11). Это говорится о том моменте, когда мы приобретем новое тело посредством воскресения.

Как видите, спасение – это не только тот момент, когда мы впервые принимаем Христа, но также процесс, в котором обновляется наш разум, исцеляется душа, распинается плоть с ее похотями и происходит наше освобождение.

ХЛЕБ, ПРЕДНАЗНАЧЕННЫЙ ДЛЯ ДЕТЕЙ

Могут ли христиане быть одержимы демонами?

Когда христианин получает освобождение от демонов, это не означает, что всё это время демоны жили в его обновленном духе. В духе верующего человека обитает Дух Святой, однако, душу человека могут оккупировать и угнетать демоны. Дух Божий наполняет каждого христианина, потому что мы принадлежим Ему. А демонические духи ищут как бы оккупировать и взять под контроль хотя бы часть жизни. Если вы испытываете демонические атаки и мучения, это еще не означает, что вы не спасены. Это не означает, что злой дух обладает вами.

Дерек Принс, который оказал огромное влияние на мое понимание вопросов освобождения, объясняет, что в Новом Завете используется греческое слово "демонизация" для определения одержимости. Он поясняет, что демонизация – это не принадлежность, а лишь частичный контроль демона над жизнью человека. Демоны стремятся взять контроль хотя бы над одной сферой вашей жизни. Однако они не могут обладать вашим духом!

Как распознать, какую именно сферу жизни контролируют злые духи? Как правило, это будет та сфера, которую вы не можете регулировать, поскольку определенный демон уже управляет в той области вашей души или жизни. Получив освобождение, вы возвращаете себе контроль над этой сферой. Поэтому во время освобождения часть вашей души обретает спасение.

Возможно, вы считаете, что тьма и свет не могут сосуществовать. Но в Библии не говорится об этом. Некоторые люди думают, что Святой Дух и нечистый дух не могут пребывать в одном и том же сосуде. Неужели? Кто так сказал? Отрывок из Писания, на котором основываются такие утверждения, гласит: "Не преклоняйтесь под чужое ярмо с неверными, ибо какое общение праведности с беззаконием? Что общего у света с тьмою?" (2-е Коринфянам 6:14). В этом стихе не сказано, что свет и тьма не могут совмещаться. В нем говорится, что они не должны совмещаться. Апостол Павел говорит нам, как должно быть, а не то, как бывает на самом деле.

Если вы считаете, что христиане не могут быть демонизированы, то позвольте мне сказать, что существует бесчисленное количество свидетельств того, как свет и тьма одновременно действовали в одном и том же человеке. Вот несколько примеров: пастор, который проповедовал о святости, при этом часто наведывался к проституткам; новообращенный верующий, который неоднократно возвращался к наркотикам и попыткам самоубийства; христианский лидер, который повлиял на жизни многих людей проповедью Евангелия, но оказался в тюрьме за мошенничество и воровство.

Апостол Павел сказал во 2-м Коринфянам 6:14: "Не преклоняйтесь под чужое ярмо с неверными", затем сразу начал учить о том, что у тьмы со светом не должно быть ничего общего. Но если бы тьма и свет не смогли совмещаться, тогда христиане не могли бы ходить на свидание с неверующими, тем более вступать в брак с ними. А такое, как вам известно, происходит сплошь и рядом. Не должно, но происходит. То же самое происходит с демонизированными христианами. Они не должны находиться под демоническим влиянием, но нигде в Библии не говорится, что такое абсолютно невозможно.

"Созо"

Человек – триедин, и грех влияет на все наше естество. Он не только умерщвляет наш дух, но также приносит в нашу жизнь болезни, бедность и угнетение со стороны демонов. Поэтому вполне естественно, что и спасение также должно влиять на всё естество человека. Важно знать, что в оригинале греческого текста используется слово "sozo", чтобы обозначить "спасение". Дословный перевод этого слова включает в себя: спасать, избавлять, защищать, сохранять и уберегать от опасности. "Созо" используется в Евангелии от Матфея 1:21, где говорится о том, что наши грехи были прощены. Также "созо" используется в Евангелии от Матфея 9:22, где говорится об исцелении больной женщины. Еще слово "созо" употребляется в значении освобождения в Евангелии от Луки 8:36, где произошло изгнание демонов. Как видите, слово "спасение" или "созо" включает в себя как прощение грехов, так и исцеление и освобождение от демонов. Итак, спасение – это больше, чем просто билет на небеса, это спасение духа, души и тела.

Освобождение христиан

В Евангелии от Марка описано как женщина-хананеянка, родом Сирофиникиянка, однажды подошла к Иисусу, поклонилась и просила Его исцелить ее дочь. Ребенок этой женщины был одержим демонами, то есть через девочку сверхъестественным образом проявлялись бесы. Почему женщина решила, что исцеление ее дочери было связано именно с демонической одержимостью? Иисус, будучи Богом и зная все, не стал оспаривать состояние ребенка, о котором говорила ее мать.

В ответ на ее мольбу Христос попросту ничего не сделал. А ученики вообще хотели прогнать ее прочь: она не была иудейкой, более того, она была язычницей. Но несмотря на все это, женщина была настойчивой, и в конце концов Иисус ответил ей следующим образом: "Не хорошо взять хлеб у детей и бросить псам" (Матфея 15:26).

Для иудеев все остальные национальности и этнические группы были подобны псам: ими гнушались и относились пренебрежительно. Но женщина не сдавалась. Даже услышав в свой адрес такой ответ, она сказала: "Так, Господи! Но и псы едят крохи, которые падают со стола господ их" (Матфея 15:27). Религиозные иудеи неодобрительно относились к собакам, однако они все равно стряхивали со стола крохи, чтобы животные могли ими полакомиться. А ведь именно этого и просила женщина. Она бы желала собрать духовные крохи, лишь бы ее дочь получила избавление. Потрясенный такой верой, Иисус провозгласил слово, и девочка тотчас получила освобождение. Учтите, что физически Он не находился рядом с ребенком.

Женщина-язычница получила свои крохи, а для детей Божьих предназначен сам хлеб – не крохи, но полнота Евангелия, которая включает в себя и спасение, и освобождение, и исцеление. С точки зрения Иисуса, освобождение для верующих – это хлеб, предназначенный для детей. Сказать, что мы не нуждаемся в освобождении и победоносной жизни – это то же самое, что сказать, что мы не нуждаемся в хлебе. Сам Иисус наставлял учеников молиться так: "Отче наш, сущий на небесах… но избавь нас от лукавого" (Матфея 6:9-13). Да, мы уже дети Божии, тем не менее нам сказано молиться об избавлении.

Наше основание для освобождения

Крест Иисуса Христа является основанием нашей свободы. Слово о кресте содержит силу и мудрость Божью (1-е Коринфянам 1:18). На Голгофе Иисус был наказан за наши грехи, чтобы мы могли получить прощение. Он был осужден, чтобы мы были оправданы. Иисус стал жертвой за грех, чтобы мы стали праведниками. Он умер, чтобы мы могли жить. На кресте произошел чудесный Божественный обмен.

На кресте… Иисус пострадал, чтобы мы могли получить прощение (Матфея 9:6). И хотя прощение дается людям даром,

ХЛЕБ, ПРЕДНАЗНАЧЕННЫЙ ДЛЯ ДЕТЕЙ

Бог Отец должен был заплатить огромную цену – отдать Своего возлюбленного Сына, ведь лишь благодаря смерти Иисуса Бог смог простить нам наши грехи.

На кресте… Иисус был осужден, чтобы мы могли быть оправданы (Римлянам 3:24). Грех приносит осуждение, а спасение приносит свободу от вины. Иисус взял на себя всю вину, чтобы мы были праведны, как будто мы никогда не грешили. Прощение просто прощает грех, а оправдание делает нас невиновными – как будто мы никогда не согрешали.

На кресте… Иисус стал жертвой за грех, чтобы мы могли стать праведными (2-е Коринфянам 5:21). Он взял на себя грех, чтобы отдать нам Свою праведность.

На кресте… Иисус умер, чтобы мы могли жить (Иоанна 10:10; Римлянам 6:23). Он пришел, чтобы дать нам Свою жизнь и забрать нашу (духовную) смерть, возложив ее на Себя. Как выглядит жизнь Иисуса, отданная нам? В оригинале слово "жизнь" или "zoë", используемое в Иоанна 10:10, означает ту жизнь, которую имеет Бог внутри Самого Себя.

На кресте… Иисус был изранен, чтобы мы могли исцелиться (Исаия 53:5). Он претерпел физическое избиение ради нашего исцеления. Каждая болезнь была возложена на тело Иисуса.

На кресте… Иисус был проклят, чтобы мы могли быть благословлены (Галатам 3:13-14). Он взял на Себя родовые, словесные и заслуженные проклятия, ибо "проклят всяк, висящий на древе".

На кресте… Иисус был беден, чтобы мы могли быть богаты (Коринфянам 8:9). На кресте он обнищал: был нагой, голодный, жаждущий и нуждающийся, чтобы мы могли обогатиться, имели избыток для наших семей, и для того, чтобы с помощью наших ресурсов распространялось Евангелие Царства Божьего.

На кресте... Иисус был отвержен, чтобы мы могли быть приняты (Матфея 27:46). Спаситель мира был отвержен Богом и оставлен людьми, поэтому будьте уверены, Ему знакомы эти чувства, когда вас презирают и отвергают. Бог же всегда принимает вас, ведь Иисус был отвергнут ради вас.

На кресте... Иисус был постыжен, чтобы мы жили в славе (Матфея 27:35, Евреям 12:2). Он перенес позор, чтобы мы не ходили в позоре.

На кресте... Иисус отнял силы у сатаны (Колоссянам 2:14-15; Бытие 3:15). Когда Христос умер за наши грехи, дьявол был обезоружен и побежден. Поражение сатаны было пророчески провозглашено еще в Эдемском саду, когда Бог сказал, что Иисус поразит змея в голову.

Существует множество причин для демонического угнетения, и наше единственное основание для полной свободы – это Голгофский крест. Различные грехи открывают различные двери для дьявола, и лишь драгоценная кровь Иисуса способна освободить и изгнать сатану (Откровение 12:11).

Сражайтесь с позиции победы

Благодаря кресту и крови Иисуса дьявол потерпел окончательное поражение. Победа куплена дорогою ценой. И эта победа над демонами и проклятиями обещана каждому верующему. Почему же так много христиан живут в поражении? Бог пообещал дать землю Ханаанскую всему израильскому народу, но не все, кому было обещано, вошли в нее. Кстати, евреи взяли во владение лишь то, что завоевали, а не все то, что было обещано им Богом. Аналогично и вы получаете не все то, что обещано, а то, за что будете сражаться.

"Преподаю тебе, сын мой Тимофей, сообразно с бывшими о тебе пророчествами, такое завещание, чтобы ты воинствовал согласно с ними, как добрый воин" (1-е Тимофею 1:18). Многие получают пророческое слово и не видят его исполнение. Причина в том, что они не воинствуют согласно этому слову. Обещания Бога, пророчества, и то, за что уже заплачено Иисусом на Голгофе, можно получить только по вере.

Порой мы всего лишь исповедуем, что сделал Иисус на кресте, вместо того чтобы завоевывать, что нам принадлежит по праву. Победа на кресте дает нам власть, но не отменяет духовную войну и необходимость сражаться. Со дней Иоанна Крестителя Царство Божие силою берется (Матфея 11:12). Вы не можете постоянно сидеть в стороне и вести себя как пострадавший. Крест сделал вас победителем. Нужно встать и завоевать то, что ваше по праву. Прогоните все силы дьявола из каждой сферы своей жизни.

Больше чем победитель

Обычно победитель определяется после самой битвы. Однако мы одержали победу, задолго до начала сражения, поэтому мы больше чем победители (Римлянам 8:37). Когда вы становитесь христианином, Иисус дает вам власть и силу Святого Духа. Вы теперь подобны полицейскому в духовном мире. Полицейский значок подразумевает власть, а его оружие подкрепляет эту власть. Преступники боятся полицейских из-за власти и силы, которой обладают представители закона. Когда вы осознаете, что вам дана власть и сила над дьяволом, то враг начинает паниковать. Он – нарушитель, а вы – представитель закона. За вами стоит все небо.

Мы сражаемся не для победы, но с позиции победы. В отрывке Писания о духовной войне апостол Павел говорит нам облечься во всеоружие Божие и "встать твердо" (Ефесянам 6:11, 13-14). Цель вооружения не в том, чтобы завоевывать победу, а в том, чтобы стоять в победе, которая уже завоевана для нас.

ПУТЬ К СВОБОДЕ

Даже мертвая змея может быть опасной

Библия сравнивает дьявола с пятью животными:

Птица, которая крадет слово (Матфея 13:4).

Волк, который крадет и рассеивает овец (Иоанна 10:12).

Лев, который рычит и ищет, кого поглотить (1-е Петра 5:8). Но он не истинный лев, поскольку есть только один истинный лев – Лев из колена Иудина. Дьявол подражает льву.

Дракон, который вводит в заблуждение целый мир (Откровение 12:9; 20:2).

Змей, который атакует жертву своей пастью, пытаясь впрыснуть яд в кровь жертвы (Бытие 3:1). С самого начала сатана предстает перед нами в Библии именно в образе змея.

Сотрудники медицинского центра города Феникс, штат Аризона, исследуя змей обнаружили, что даже мертвые гремучие змеи все еще могут поразить, ужалить и убить свою жертву. Были случаи, когда в гремучую змею стреляли и отрезали ей голову, но голова змеи все еще сохраняла рефлекс жалить. В одном из опытов было доказано, что голова змеи может производить рефлекторные движения, напоминающие нападение на жертву, еще в течение часа после обезглавливания.[9] Так что даже мертвые змеи опасны.

Поражение сатаны дает нам потенциал одержать победу, а не делает нас автоматически победителями. Иначе бы все верующие жили в победе, и нам не было бы завещано вести духовную войну против дьявола и противостоять ему.

Многие говорят и провозглашают, что дьявол уже побежден и что он больше не проблема для нас, но при этом в их жизни есть поражения. Авторы книг Нового Завета знали о поражении сатаны, и все же предупреждали нас, чтобы мы "не давали места дьяволу" (Ефесянам 4:27), "наступали на змей и скорпионов"

(Луки 10:19), "противостояли дьяволу" (Иакова. 4:7), а также трезвились и бодрствовали, "потому что противник ваш диавол ходит, как рыкающий лев, ища, кого поглотить. Противостойте ему твердою верою" (1-е Петра 5:8,9).

Все это свидетельствует о том, что мы должны быть внимательными и бдительными по отношению к противнику, чтобы наша победа не была только на словах. Жизнь – это не игровая площадка, а поле битвы.

Побежденный стал предметом развлечений

История о Самсоне преподает нам очень важный урок. Филистимляне одержали победу над Самсоном после длительного противостояния. Они повергли, связали и ослепили его, сделав своим пленником. Филистимляне начали праздновать победу, развлекаться и выставлять на всеобщее обозрение пленного врага. Наконец-то Самсон был побежден, что он мог им сделать? Однако он все еще был опасен, и все еще оставался их врагом. Вскоре его поражение превратилось в их поражение тоже. Он успешно отомстил врагам, потому что филистимляне не были начеку. Для них жизнь была вечеринкой, а пораженный враг – развлечением. Чтобы нас не постигла подобная участь, нужно помнить, что хотя сатана был обезоружен и поражен на Голгофе, он все еще остается тем реальным врагом, к которому не стоит относиться легкомысленно.

Именно поэтому апостол Петр говорит, чтобы мы трезвились. А Павел учит, чтобы мы облеклись во всеоружие Божье и противостояли побежденному врагу. Если мы не проявляем бдительность, то не стоит недоумевать, почему в жизни больше поражений чем побед.

ПУТЬ К СВОБОДЕ

Голиаф повержен – пора сражаться

Когда Давид убил Голиафа, то армия врага начала убегать, но война на этом не закончилась, а, наоборот, все только началось. Народ Израиля, который раньше прятался и скрывался от врага, теперь обрел мужество, благодаря блистательной победе Давида. Они обрели власть и силу в его победе. Эта победа стала источником их сил. Израильские воины не сели отдыхать и праздновать, потому что Давид уже победил, но устремились вперед, чтобы сражаться и поражать врага.

Давид – прообраз Иисуса, который поразил Голиафа, правителя тьмы. Голиаф повержен. Теперь нужно встать и сражаться. Верните себе свою непорочность. Верните свою свободу. Ваш враг уже бежит, он в панике. Не позволяйте ему унести с собой что-либо. Вы имеете знак Божьей власти и силу Святого Духа, чтобы победа на Голгофе стала реальностью в вашей жизни.

Молитва

"Я славлю Тебя, мой Бог и Отец, за то, что Ты благословил меня всяким духовным благословением на небесах во Христе Иисусе. Я благодарен Тебе, за то, что Ты даровал мне величайший дар – спасение и новую жизнь. Я прошу Тебя, Святой Дух, открой мне богатства моего наследия во Христе. Я буду не просто провозглашать свое право на обетованную землю, но буду вставать и овладевать ею, во имя Иисуса".

ГЛАВА 6

ОБРЕТИ СВОБОДУ

Врачи диагностировали у Джона неконтролируемые навязчивые мысли, нервный тик, панические атаки, бессонницу и склонность к самоубийству. Эти ужасные психические расстройства мучили его в течение трех лет. Назойливые мысли были настолько интенсивны, что порой казалось, будто внутри него живет другая личность, которая мыслит вместо него. Хуже всего то, что Джон не мог контролировать эти мысли, которые заставляли его проклинать Бога и его семью, желая им смерти. Его состояние настолько ухудшилось, что он перестал ходить в школу, хотя раньше был круглым отличником. Во время тестов ему стало трудно определять какой вариант ответа выбрать. Нервный тик еще больше усугубился, в какой-то степени это был механизм подавления навязчивых мыслей. Вскоре Джон начал бить самого себя, чтобы останавливать эти назойливые внутренние голоса.

Я помню, как впервые увидел Джона на одном из наших служений. Его тело было скручено, и он все время пытался бить себя рукой по голове. Джон не мог отдыхать и спокойно спать. Ему приходилось смотреть фильмы или передачи, чтобы отвлечься и заглушить мысли, только так он мог заснуть. Из-за многих попыток самоубийства он оказался в психиатрической больнице, где ему прописали лекарства, которые заглушали все переживания. Тогда его родственники начали повсюду искать дополнительную помощь. Они прибегли к нетрадиционной медицине, давали ему натуральные витамины, обращались с просьбой о молитве в разные церкви, но все было безрезультатно.

В итоге родители привезли его в нашу церковь на особое ежемесячное служение освобождения. Во время молитвы Дух Святой начал касаться его и удалять все то зло, которое изводило Джона изнутри. У него начались демонические проявления, и он стал изрыгать какие-то непонятные элементы. После своего освобождения Джон вернулся домой и в тот же день прекратил принимать Бенадрил, который раньше пил каждые два часа, чтобы уснуть. Все навязчивые мысли, в том числе и мысли о самоубийстве, навсегда покинули его. Разум восстановился, и он смог снова принимать здравые решения. В скором времени Джон сдал все экзамены и получил среднее образование в вечерней школе. Бог полностью восстановил его жизнь. А еще через некоторое время Джон приехал в нашу церковь, чтобы засвидетельствовать о своем чудесном исцелении во славу Господа. Сегодня он является лидером поместной церкви и приводит молодежь к Иисусу. Слава Господу!

Определите врага

Первый шаг к освобождению – это признание того, что оно тебе действительно нужно. Вычислить и опознать врага – это уже 50 процентов победы. Поначалу это может казаться легкой задачей, однако оковы рабства очень обманчивы по своей природе. Многие люди, которые связаны, думают, что они свободные. Иисус сказал иудеям, которые уверовали в Него, чтобы они пребывали в Его слове, тогда они воистину будут Его учениками, и истина сделает их свободными. Реакция иудеев была такой же, как и у многих верующих сегодня: "Мы не нуждаемся в освобождении, ведь мы – потомки Авраама". Это очень похоже на то, как говорят многие христиане в наши дни:

"Нам не нужно освобождение, с нами все в порядке". Новые последователи Иисуса говорили, что никогда не были никому рабами (Иоанна 8:31-36). Это было довольно смелое заявление, но так ли все было на самом деле? История свидетельствует о том, что иудеи были под угнетением многих народов, в том числе египтян, мадианитян, филистимлян, вавилонян, а на тот момент – римлян. Почему они считали, что никогда не были в порабощении?

Похоже, что неволя очень обманчива по своей природе. Чтобы получить освобождение, важно сначала понять, что вы не свободны. Вы должны признать свою необходимость в свободе и начать отчаянно искать ее. Дерек Принс говорил так: "Дух Святой – для жаждущих, а освобождение – для отчаявшихся". Иисус объяснял Своим ученикам, почему так важно пребывать в Его Слове – чтобы стать свободными и оставаться свободными. Господь сказал: "Истинно, истинно говорю вам: всякий, делающий грех, есть раб греха. Но раб не пребывает в доме вечно; сын пребывает вечно" (Иоанна 8:34-35).

Человек может быть учеником Иисуса, но при этом постоянно совершать один и тот же грех. Когда мы по привычке согрешаем, практически мы порабощены грехом. Вот что значит "быть рабом греха". Это не я придумал, это сказал Иисус! Обратите внимание, что Он говорил это тем, кто уверовал в Него. Грех по привычке и порабощение грехом имеют свою цену – раб не пребудет в доме вечно. Это означает, что такой человек не сможет пребывать в постоянных отношениях с Богом, и не сможет исполнить предназначение в Теле Христовом.

Одна из основных причин, почему люди уходят из-под покрова Церкви и не возвращаются – они все еще не свободны. Порабощение, в котором они находятся, не позволяет им пребывать в доме вечно. Противоположностью рабства является сыновство. Сыновство – это больше, чем просто быть детем Божьим; оно символизирует свободу от греха и водительство

Духом Святым. Если вы замечаете, что совершаете один и тот же грех или с вами случаются неприятности очень похожие друг на друга – это признак того, что вам нужно освобождение. Господь Иисус является истиной и источником свободы.

Исповедуйте грехи

Когда мы поймем, что нуждаемся в полной свободе, нужно будет покаяться в своих грехах и грехах своих предков. Покаяние и исповедание грехов закрывает двери для дьявола и открывает двери к Божьей свободе. Очень важно смиряться перед Божьим Духом, чтобы Он мог повести нас в покаянии. Не копайтесь в своем прошлом, пытаясь вспомнить каждый грех, который вы совершили. Вместо этого позвольте Святому Духу напомнить вам о всех тех сферах, в которых нужно покаяние, таким образом вы сможете закрыть все двери. Существуют очевидные согрешения, от которых мы должны отвернуться, но очень часто мы не знаем, какой именно грех в нашей жизни открыл дверь для врага.

Когда в Израиле три года подряд был голод, Давид спросил у Бога, почему это происходило. И Господь указал ему на то, что Саул нарушил соглашение с Гаваонитянами (2 Царств 21:1). Давид предпринял соответствующие шаги, чтобы исправить ситуацию и разрушить проклятие, которое Саул навлек на весь народ. Только тогда голод прекратился. В данном случае причиной голода не был грех Давида, а грех его предшественника – царя Саула.

Следовательно, нам нужно покаяться в грехах наших предков. "А оставшиеся из вас исчахнут за свои беззакония в землях врагов ваших и за беззакония отцов своих исчахнут. Тогда признаются они в беззаконии своем и в беззаконии отцов своих, как они совершали преступления против Меня и шли против Меня" (Левит 26:39-40). Мы должны исповедать грехи своих предков не для того, чтобы они обрели прощение, а для нас самих, чтобы лишить врага любого доступа в нашу жизнь, закрыть перед ним все двери и полностью разрушить власть дьявола над собою.

Что же касается нашего личного покаяния, то нужно понять, что покаяние – это нечто большее, чем просто сожаление о содеянном. Угрызения совести – это еще не покаяние. Иуда сожалел о том, что предал Иисуса, но в его сожалении не было покаяния. Он даже вернул деньги фарисеям, но перед Богом он не каялся.

Покаяние – это признание своей неправоты перед Богом, даже если никто вас не видел, и никто не пострадал от ваших действий; это личное исповедание перед Богом и раскаяние в содеянном; это сознательное решение изменить свои пути и действия. Представьте себе, что вы ведете машину и осознаете, что двигались не в том направлении, тогда вы точно остановитесь и сделаете разворот. Покаяние – это поворот на 180 градусов, а не только сожаление. Это не для того, чтобы облегчить душу, а потом, когда все успокоится, вернуться на круги своя. Многие люди ищут коротких путей как решить свои проблемы, а к покаянию в действительности не стремятся.

Наряду с тем, что мы исповедуем грехи перед Богом, есть огромная сила, когда мы признаемся и исповедуемся пастору или лидеру, которым можно довериться. Апостол Иаков говорит, что исповедание приносит исцеление (Иакова 5:16). Видите ли, грех увеличивается и процветает в темноте, но когда мы выносим его на свет, то начинается процесс освобождения. Если мы оправдываемся в грехе или обвиняем других людей в своих проступках, или пытаемся скрыть грех – мы позволяем дьяволу держать себя в рабстве. Только через покаяние можно разбить власть греха в жизни!

ПУТЬ К СВОБОДЕ

Подчинитесь господству Иисуса

Евангелист Рейнхард Боннке часто на своих крусейдах рассказывал притчу о мальчике и большом доме. Мальчик жил в двухэтажном доме, в котором было 10 комнат. Однажды Иисус постучал в дверь и попросил разрешения войти в дом. Для маленького мальчика было огромной честью то, что Господь пришел к нему. И он подарил Иисусу самую лучшую комнату в доме – шикарную главную спальню.

На следующий день еще кто-то постучался. Когда мальчик открыл дверь, то увидел дьявола, который пришел к нему домой и тоже хотел войти. Сатана рвался и толкал дверь, чтобы проникнуть в дом. Мальчик долгое время боролся с ним и наконец вытолкнул и захлопнул дверь. Он сильно устал от поединка с дьяволом и в бессильи упал на диван. В это время Иисус, выйдя из своей спальни, подошел к нему. Мальчик с огорчением спросил, почему же Иисус не помог ему справиться с дьяволом.

Иисус ответил: "Я же всего лишь гость, а ты хозяин дома". Мальчик внезапно получил откровение! Нужно дать Иисусу больше места в своем доме. Тогда он решил отдать Господу все пять комнат на втором этаже, а оставшиеся пять, на первом этаже, оставил для себя. Мальчик думал, что таким образом решит проблему, поэтому пошел спокойно спать.

На следующее утро в дверь снова кто-то постучал, и он нехотя пошел открывать. Он слегка приоткрыл входную дверь, чтобы посмотреть, кто пришел. Как только он это сделал, дьявол просунул ногу в проём и начал ломиться внутрь, чтобы проникнуть в дом. Мальчик снова боролся с дьяволом до изнеможения, и наконец-то ему удалось прогнать сатану и захлопнуть дверь. Затем он быстро побежал к Иисусу и стал упрекать: "Почему Ты мне не помогаешь? Я дал Тебе пять комнат. Почему мне приходится в одиночку бороться с дьяволом?" Иисус ответил: "Для меня честь быть гостем в этом доме и иметь в распоряжении пять комнат, но ты все еще хозяин, это твой дом и это твоя обязанность следить за дверью".

И тут пришло настоящее озарение! Наконец-то он все понял! Он отдал Иисусу ключи от дома и сказал Ему: "Теперь всё Твое и Ты хозяин этого дома, а я всего лишь гость. Где мне можно остановиться?" Христос отдал ему шикарную главную спальню, чтобы он жил там как гость. На следующий день в дверь снова постучали. Мальчик поднялся с кровати, чтобы открыть дверь, но Иисус напомнил, что это теперь Его обязанность и что мальчик может отдыхать. Итак, Иисус пошел открывать дверь, а мальчик смотрел из-за угла, что случится дальше. На пороге вновь стоял дьявол. Увидев Иисуса, он пал на колени и сказал: "Господин, я ошибся адресом. Извините, что потревожил".

Это всего лишь притча, но в ней содержится сильнейшее послание, созвучное с тем, о чем говорится в Писании: "Итак, покоритесь Богу; противостаньте диаволу, и убежит от вас" (Иакова 4:7). Прежде чем мы начнем связывать дьявола, мы должны сначала полностью отдать себя Богу. Подчинить себя господству Иисуса Христа – это намного больше, чем просто повторить молитву грешника. Многие приняли Христа как своего Спасителя, но так и не сделали Его своим Господом. Они до сих пор самостоятельно руководят своими "домами" и хранят все ключи у себя. А Иисус желает взять на Себя полную ответственность за всех, кто под Его господством. Когда Христос станет вашим Господом и Спасителем, то вы сможете противостоять дьяволу гораздо эффективней. Тогда слова, которые вы провозгласите, будут исполнены силы.

Мне кажется довольно интересным тот факт, что Иуда, будучи учеником Иисуса, попал под демоническое влияние и одержимость. Читая Евангелие, мы видим, что Иуда зовет Иисуса своим учителем, но никогда не называет Его своим Господом. Для Иуды Иисус всегда был хорошим учителем, возможно и другом, но не Богом. Вы можете считать, что у вас хорошие отношениях с Богом и даже считать Его своим другом, однако дьявола это не будет останавливать. Дьявол реагирует только на власть. И если вы не подчинили свою жизнь власти Иисуса, то не можете ходить в Его власти и пользоваться ею. Я обеими руками за то, чтобы быть другом Бога, но ваша дружба с Ним не должна отменять полного подчинения Ему как Господу.

"Господь есть Дух; а где Дух Господень, там свобода" (2-е Коринфянам 3:17). Истинная свобода лишь там, где присутствует Дух Господень. Дух Святой – это Дух Господа, и Он не просто ваш Друг и Учитель. Сила Духа Святого не сможет действовать в вашей жизни во всей полноте, если Иисус не является Господом всей вашей жизни. Его сила будет приносить освобождение только тогда, когда Иисус – ваш Господь. Однажды я слышал, как кто-то трактовал это место Писания следующим образом: "Где Дух Божий является Господом, там свобода".

Когда мы подчиняемся господству Иисуса, то меняется наше мышление, речь, поведение, и даже то, как мы распоряжаемся деньгами, и как относимся к другим людям – однако это также меняет отношение дьявола к нам.

Когда Япония атаковала Перл-Харбор в 1941 году, США объявили ей войну и вели военные действия против этой страны. В 1945 Япония сдалась и подписала акт полной и безоговорочной капитуляции союзным войскам, и тогда Соединенные Штаты взялись за разработку плана восстановления экономики той страны. Япония восстановилась после войны и бомбардировок Хиросимы и Нагасаки, и теперь является одной из самых процветающих и мирных стран. По конституции у Японии нет своей армии, но США до сих пор является покровом, сильным союзником и партнером той страны. Если мы хотим быть под покровом Всевышнего и иметь Его полную защиту, мы должны полностью отдаться и подчиниться Ему.

Некоторые люди не хотят воспринимать Иисуса как своего Царя, а всего лишь хотят, чтобы Он был их добрым учителем. В этой жизни нет промежуточного варианта: мы либо служим Богу, либо находимся в рабстве у дьявола. Мы являемся Божьими детьми, поэтому в своих сердцах мы не должны уклоняться от полного посвящения себя Богу.

Если Иисус действительно является нашим Господом, то Он будет направлять нас и использовать в Своем Царстве. Но если мы стоим во главе своей судьбы, то мы начнем использовать Иисуса для своих собственных целей и желаний.

Противостаньте врагу

Многие люди получают свободу, когда за них кто-то помолился, это может быть человек, имеющий определенное помазание, или служитель, который служит в сфере освобождения. Обратиться за молитвой к пастору или служителю – это довольно мудрое решение.

Бог дал различные дары и различные уровни помазания людям, однако наша роль в процессе освобождения тоже очень важна. Дух Божий живет в нас и жаждет принести полную свободу. Независимо от того, кто помолится или не помолится за нас, только Иисус и сила Святого Духа способны принести в нашу жизнь перемены.

Давид нападал и побеждал льва и медведя. Однако, он вспоминает об этих случаях так, что Бог избавлял его, свидетельствуя перед царем Саулом: "...Когда, бывало, приходил лев или медведь и уносил овцу из стада, то я гнался за ним и нападал на него и отнимал из пасти его; а если он бросался на меня, то я брал его за космы и поражал его и умерщвлял его; и льва и медведя убивал раб твой" (1-я Царств 17:34-36).

Давид не убегал от медведя или льва, он преследовал их и сражался с ними. Более того, Давид говорит: "Господь, Который избавлял меня от льва и медведя, избавит меня и от руки этого Филистимлянина" (1-я Царств 17:37). Итак, это Бог избавлял Давида от медведя и льва, когда он гнался за ними. И если Бог помогал Давиду, будет ли Бог давать избавление тем, кто не согласен с ролью потерпевшего? Конечно да! Есть верующие, которые не ждут, чтобы кто-то пришёл и помолился за них. Вместо этого они заявляют в духовном мире о своем праве и власти в имени Иисуса. Они встают лицом к врагу и утверждают победу в своей жизни! Не скрывайтесь, а сражайтесь. В послании Иакова сказано, что мы должны покориться Богу и противостать дьяволу. Нам отведена определенная роль в освобождении – предоставить себя Богу и противостать врагу.

Противостояние врагу начинается с отречения от любого соглашения с сатаной и его ложью, ритуала, кровного завета, гадания, колдовства, волшебства, лжерелигии, демонических доктрин, идолопоклонства и от разного вида проклятий. Когда мы отрекаемся от этих вещей, то разрываем цепи, соединяющие нас с царством тьмы. "Но (мы), отвергнув скрытные, постыдные дела, не прибегая к хитрости и не искажая слова Божия, а открывая истину, представляем себя совести всякого человека пред Богом" (2-е Коринфянам 4:2). Чтобы видеть проявление Божьей истины в своей жизни, не искажая Божьего слова и ходя в непорочности, мы должны в первую очередь отказаться от всего скрытного и постыдного, от грехов, которые открыли дверь в нашу жизнь для тьмы.

Дайте отпор

Осознание необходимости в освобождении, покаяние в грехах, отречение от любых связей с дьяволом – это те шаги, которые выведут вас из "египетского рабства". Следующий шаг – вывести "Египет" из вашего мышления и вашей жизни. Для этого вам придется давать отпор дьяволу, менять старые привычки и обновлять свой разум.

Бог сверхъестественным образом освободил израильский народ из Египта кровью агнца, что являлось прообразом смерти Иисуса на кресте. Целый народ вышел из дома рабства с радостью и весельем. Радость – это естественная реакция долгожданной свободы. Этой радости, тем не менее, неожиданно пришел конец, когда несколько дней спустя колесницы египетской армии погнались за израильтянами, чтобы вернуть их назад. Египет потерял бесплатную рабочую силу и это означало, что все их строительные проекты были остановлены. Фараон и его армия погнались за евреями, намереваясь вновь поработить освобожденный народ и заставить людей вернуться к прежнему образу жизни. Реакция израильского народа – паника, страх и ропот.

Если Бог действительно освободил нас, то почему фараон преследует? Можем ли мы считать себя по-настоящему свободными, если египтяне не оставляют нас в покое? Если вы все еще испытываете атаки врага после освобождения, то такое явление вполне объяснимо. Подобные действия направлены на то, чтобы заставить вас сомневаться в свободе. Это работа дьявола – сомнения, замешательство, неясность, с помощью которых он пытается снова поработить вас сначала в разуме, затем и в жизни. Если прежние демоны возвращаются со своими колесницами, даже после того, как вы получили освобождение, это еще не значит, что вы вернулись в рабство. Очень часто Бог намеревается даровать полную свободу, навсегда потопив "фараона" в глубоких водах Чермного моря.

Иисус поясняет, что демон, выйдя из человека, нередко пытается вернуться с еще большим количеством злых духов (Матфея 12:45). Однако это не должно нас пугать. Хоть фараон и приказал догнать рабов на колесницах, израильский народ не вернулся в рабство, потому что устремился вперед в вере и послушании. Дьявол попытается с помощью сомнений и лжи возвратиться в вашу душу, но не меняйте свою позицию в Боге, не меняйте свое исповедание и не поддавайтесь его лжи.

Мы должны дать отпор сомнениям и стоять твердо в вере (1-е Петра 5:9). Продолжайте верить в свою свободу после того, как вы покаялись и отреклись от всех демонических связей в своей жизни. Повторные атаки не являются признаком того, что вы не свободны. Скорее всего это последняя попытка дьявола вернуть вас в рабство. Вы должны научиться верой двигаться вперед, несмотря ни на что. Как только Бог потопит фараона, ваша свобода станет утвержденной и неизменной. Дьявол не сможет вернуть вас назад в рабство, если вы будете двигаться вперед по вере. Даже если вы падаете в тот же самый грех, от которого получили освобождение, вы должны вновь покаяться, принять прощение, простить самих себя, подняться и продолжать шагать вперед, как будто ничего не произошло.

Освобождение не подразумевает, что мы никогда больше не подвергнемся атакам. Точно так же, когда мы получаем спасение, это не означает, что мы никогда больше не согрешим. Праведник семь раз упадет и семь раз поднимется (Притчи 24:16). Другими словами, мы не перестаем быть праведными, когда падаем. Мы перестаем быть праведными, если принимаем решение жить в том грехе, в который впали. Мы праведные и свободные люди, поэтому должны ненавидеть грех, особенно когда мы спотыкаемся и падаем. Это является признаком того, что грех уже не является нашей природой. Когда овечка падает в грязь, то начинает отчаянно блеять. Когда же свинья попадает в грязь, то начинает кувыркаться в ней. Мы с вами – овцы, а не свиньи.

Один парень из нашей церкви получил освобождение от духа порнографии. Его освобождение было очень напряженным и запоминающимся. Он был уверен в том, что стал свободен, в течение следующих двух месяцев он не имел проблем с похотью. Однако два месяца спустя этот парень снова впал в грех. Когда он захотел встретиться со мной лично, то я понял, что что-то произошло. Он признался в грехе, и сказал, что очень растерян, и ему казалось, что он потерял свою свободу. Поскольку этот брат получил освобождение во время поездки в Нигерию, то теперь он стал раздумывать: не стоит ли ему снова копить деньги и ехать в Нигерию, чтобы еще раз освободиться. Я ответил ему следующим образом: "Ты можешь верить, что ты до сих пор свободен, или же считать, что потерял свою свободу; в любом случае, ты будешь прав". Я посоветовал ему верить в то, что он свободен. Ему нужно было твердо стоять на этой истине и продолжать жить в свободе, как будто ничего не произошло. После этого инцидента полная свобода раз и навсегда пришла в его жизнь, и в данный момент он женат и является одним из ключевых лидеров нашей церкви.

Мы должны идти вперед по вере, если хотим, чтобы свобода стала частью нашей жизни. Не позволяйте дьяволу удерживать вас с помощью страха, сомнений или замешательства. В последующих главах мы рассмотрим этот вопрос более подробно и узнаем, как обновлять свой разум. Следующая глава повествует о самом важном шаге на пути к обретению свободы.

ПУТЬ К СВОБОДЕ

Молитва

"Во имя Иисуса Христа, я приказываю дьяволу, стоящему за моей зависимостью, убираться вон. Я приказываю демонам, стоящим за повторяющимися грехами и поражениями – убираться немедленно из моей жизни, во имя Иисуса Христа. Я прямо сейчас разрушаю вашу власть над моим разумом, эмоциями и волей. Любая цепь, которую сатана использовал, чтобы связать меня, пусть будет разорвана прямо сейчас во имя Иисуса. Все в моей жизни, что не насажено моим Отцом Небесным, да будет искоренено во имя Иисуса!

Я встаю во власти Иисуса, в силе Божьего Духа и противостою дьяволу и любым мыслям, сомнениям, а также чувствам страха и осуждения, которые он посылает в мою жизнь. Я поднимаю щит веры и отражаю все горящие стрелы лжи, во имя моего Господа Иисуса Христа".

ГЛАВА 7

ПРИМАНКА САТАНЫ

Как-то я смотрел свидетельство человека по имени Фрэнк, который участвовал в программе Сида Рота "Это сверхъестественно!" У Фрэнка была очень трудная и напряженная жизнь. В детстве его изнасиловали, впоследствии это породило глубокую боль, обиду и бунт в его сердце. Позже Фрэнк поступил в военно-морскую академию, но был отчислен с позором за употребление и распространение наркотиков. После этого он начал слышать голоса, которые приносили ему удачу. Эти голоса подсказывали, где прятать наркотики, чтобы их не обнаружили при обыске. Его жизнь, как ему казалось, складывалась как нельзя лучше – он продолжал заниматься наркотиками под покровительством и защитой внутренних голосов. Вскоре один из этих голосов поведал Фрэнку как нарисовать пентаграмму, которая является дьявольским символом, и затем этот же злой дух вошел в него.

Голоса больше не направляли Фрэнка и не подсказывали, как выкрутиться из сложных ситуаций, а наоборот стали мучать его. С помощью наркотиков демоны создали своеобразную альтернативную реальность в его разуме и убедили в том, что весь мир захвачен, и что он – единственный, кому удалось спастись, поэтому Фрэнк должен был выжить любой ценой, делая все возможное, чтобы его не схватили инопланетяне. Голос твердил ему, что все окружающие пытаются схватить и инфицировать его, поэтому он должен всех их уничтожать, именно это он и делал. Фрэнк хватал молоток и нападал на людей, вследствие чего восемь человек оказались в больнице. Один из пострадавших получил неизлечимую травму головного мозга, а двое умерли. Все это произошло под водительством внутреннего голоса, который убеждал его в том, что весь мир захватили инопланетяне.

Полицейские, арестовавшие Фрэнка, позже утверждали, что во время задержания он демонстрировал нереальную силу, в семь или восемь раз превосходящую силу обычного человека. Находясь в больнице, Фрэнк думал, что его схватили пришельцы, поэтому решился на самоубийство. Взяв банку, он разбил её об себя и надеялся умереть от потери крови. К счастью, сотрудникам больницы удалось вовремя остановить кровотечение. Его приговорили к сроку от 10 до 30 лет заключения, поскольку совершенные им убийства не были спланированы заранее. В тюрьме он перестал принимать наркотики, и постепенно голоса в его голове утихли. Фрэнк наконец-то осознал, что дьявол обманывал его все это время.

Прошло немного времени и вдова одного из мужчин, которых он убил, пришла, чтобы встретиться с Фрэнком. Он не понимал, зачем ей нужна эта встреча. Во время тюремного свидания вдова сказала, что простила ему убийство мужа, потому что верила, что Бог способен обратить все во благо. Единственный вариант, как из этой трагедии могло выйти что-нибудь хорошее, заключался в том, что Фрэнку нужно было принять Иисуса Христа – ведь тогда смерть ее мужа не была бы напрасной. Женщина подарила Библию своего мужа его убийце. Фрэнк решил прочесть ее, чтобы выполнить желание вдовы.

В итоге он принял Христа и получил освобождение от нечистого духа. Бог дал ему жену: ей стала одна из женщин, которая приезжала в тюрьму с командой тюремного служения. Его жизнь была полностью восстановлена. После 13 лет заключения Фрэнк вышел на свободу и отправился в церковь той вдовы, которая его навещала в тюрьме и подарила Библию. Он свидетельствовал о том, как прощение может сделать евангелиста из убийцы и о том насколько опасны игры с дьяволом.

В настоящее время служение Фрэнка помогает жестоким убийцам, насильникам, преступникам и сумасшедшим людям покаяться и обрести взаимоотношения с Иисусом. Прощение приносит свободу.

"Скандалон"

Греческое слово "скандалон", которое переводится на русский язык как обида, соблазн или искушение, неоднократно используется в Новом Завете, в том числе в Евангелии от Матфея 18:7. "Скандалон" – это крючок ловушки, на который цепляют приманку. Когда животное хватается за нее, то срабатывает спусковой механизм, и бедолага попадает в ловушку. Соблазн – это приманка, которая губит человека, если он попадется на нее.

Однажды, когда мы с женой жили в своем доме, я заметил, что в подвале дома завелась мышь. Я терпеть не могу этих маленьких тварей, поэтому меня бросало в дрожь от осознания того, что одна из них бегает по моему дому, пока я сплю. Я понимал, что голыми руками ее не возьмёшь и простой палкой не выгонишь. Поэтому я сделал то, что сделал бы на моем месте любой порядочный домовладелец. Я поехал в местный супермаркет и купил несколько мышеловок, затем положил в них кусочки бекона и арахиса и расставил по дому в ожидании чуда. Я ни за что бы не поймал мышь, если она не повелась бы на бекон или арахис. Никто ее не вынуждал хватать приманку. По сути, меня даже не было дома, когда сработал спусковой механизм и мышь попала в мышеловку. Точно так же действует и сатана.

Видите ли, дьявол не имеет к нам прямого доступа, потому что мы покрыты кровью Агнца, служим Богу и ходим в Духе Святом. Мы сильно раздражаем дьявола, потому что разрушаем его царство и вмешиваемся в его планы на земле. Поэтому он расставляет приманки, чтобы добраться до нас. Он использует метод, который эффективно срабатывал еще с момента сотворения мира – соблазн.

Иисус учит нас, что мы не можем избежать соблазнов (Луки 17:1). Пока люди живут на этой земле, здесь будет боль и страдания. Даже если вы живете святой и непорочной жизнью перед Богом, вы встретитесь с болью и ранами. Так было с Авелем, Иосифом, Давидом, Иисусом, поэтому вы также с этим столкнетесь.

Единственное, что в наших силах – не позволять соблазнам и обидам приходить через нас (1-е Коринфянам 8:13), но нам не избежать соблазнов и обид, которые будут приходить к нам. Когда вас ранят, дьявол пытается использовать гнев, раздражение, горечь и обиду, чтобы заставить вас думать, что вы сможете все держать под контролем. Поэтому мы часто строим вокруг себя стены, отгораживаясь от других людей, чтобы никто нас больше не обидел и не причинил боль. А это ловушка и приманка сатаны.

Необработанные раны могут загноиться

Раны сообщают о боли, а шрамы говорят об исцелении. Рана говорит: "Посмотрите, что они со мной сделали". Шрам говорит: "Посмотрите, что Бог сделал, и как меня исцелил". Раны болят, а шрамы – нет. Раны могут загноиться, а шрамы являются свидетельством восстановления. Наш Спаситель был изранен за наши преступления (Исаия 53:5). Когда Он висел на кресте, Он не угрожал фарисеям и не проклинал их, хотя Сам испытывал ужасные муки. Он простил их. Фарисеи не заслуживали этого;

они даже не просили простить их. Если честно, они считали, что поступают правильно. Иисус простил фарисеев не ради того, чтобы их грех был прощен, а ради того, чтобы Его собственное сердце не наполнилось горечью.

Как я уже упоминал ранее, предательство – это действие людей против тебя, а горькая обида – это реакция, то, что человек берет на себя или против самого себя. Предательство приходит извне, а горечь появляется изнутри. Единственное, что может превратить предательство в благословение – это прощение.

Иисус не остался висеть на кресте вечно. И хотя люди могут "пригвоздить вас на крест", только непрощение будет вас там удерживать. Враг может бросить вас в яму, и вы будете продолжать там находиться лишь из-за непрощения. Поймите одну вещь: когда что-то случилось и вы пострадали, это было всего лишь однажды, после случившегося перестаньте добровольно вновь и вновь прокручивать и проживать все заново в своем разуме и памяти. Почему мы остаемся на крючке и преданно храним обиды и накапливаем непрощения?

Простив прямо на кресте, сразу, Иисус защитил Свое сердце, тем самым оставил нам пример того, как реагировать даже на самые болезненные ситуации. Интересно, что через несколько дней после воскресения Иисус явил Себя ученикам и показал им, что у Него на теле уже не было ран – только шрамы. Он предложил им прикоснуться к Его шрамам. Если вы не можете без боли говорить о трудных и болезненных событиях вашей жизни, то скорее всего, вы до сих пор носите раны в сердце. Шрамы Иисуса даровали надежду Его ученикам и укрепили их веру.

Если вы позволите Богу заживить ваши раны и превратить их в шрамы, то ваши шрамы станут свидетельством для окружающих. Бог обратит во благо то, что дьявол хотел использовать вам во зло. Если у вас в жизни нет шрамов, то это не потому, что вас никогда никто не ранил. Скорее всего, вы до сих пор так и не исцелились. Ведь даже у Иисуса были шрамы.

Побег из камеры пыток

Непрощение и обида дает дьяволу законный доступ к вашему сердцу. В Евангелии от Матфея записана притча Иисуса о том, что из-за непрощения человек попадает в руки истязателей (Матфея 18:34). Истязатели – это демоны приносящие мучения человеку, который отказывается простить. Эти демоны не уйдут, когда вы попытаетесь их прогнать. Они уйдут только тогда, когда вы простите.

Мы должны прощать, потому что это важно для Бога: если мы не будем прощать, Бог не сможет простить нас (Матфея 6:15).

Дарить прощение нужно нам самим. Прощение не изменяет наше прошлое, зато улучшает наше будущее. Когда вы прощаете, вы отпускаете узника на свободу, и затем осознаете, что этим узником были вы сами. Если вы будете ждать, когда у вас попросят прощения, чтобы простить, то можете и не дождаться. Простите всех ради себя самого, а не ради них. Прощение – это ваше волевое решение. Прощая, вы освобождаете человека, который в долгу перед вами. Вы уступаете свои права, не воздаете злом за зло, а вместо этого провозглашаете над жизнью человека благословение. Боль и желание отомстить будут приходить, но стойте твердо на своем решении. Не позвольте чувствам переубедить вас в том, что вы так и не простили; вместо этого, начните благословлять того человека и свою собственную жизнь, тогда всякие чувства и сомнения уйдут.

Однажды я слушал свидетельство девушки по имени Фрида, которая пережила геноцид в Руанде. Она рассказывала, что у нее на глазах мужчины из племени Хуту зарезали всю ее семью. Затем, когда очередь дошла до нее, ее спросили, как она хочет умереть. Поскольку у убийц не было пуль, они похоронили ее заживо в одной могиле с убитыми членами ее семьи. Четырнадцать часов спустя кто-то из ее родственников пришел на поиски погибших, чтобы надлежащим образом их похоронить. Они нашли в общей могиле маленькую девочку, которая все еще была жива и находилась в сознании. Из-за пережитой травмы у Фриды были головные боли, проблемы со спиной и постоянные ночные кошмары. Однажды на семинаре она услышала проповедь о силе прощения. Как только она простила своих обидчиков, Бог мгновенно исцелил ее и освободил от ночных кошмаров.

Сегодня она является известным спикером и автором книги "Фрида: обреченная на смерть, призванная к жизни", в которой содержится могущественное послание о силе любви и прощения к нашим врагам.[10]

Когда мы прощаем, мы не только получаем освобождение сами, но и даем Богу возможность искупить и обратить боль для нашего блага.

Кого сложнее всего простить

Порой труднее всего простить вовсе не врага, а самого себя. Многие люди живут с болью непрощения своих собственных ошибок, даже несмотря на то что Бог давно простил их. Джон Стотт, администратор крупнейшей психиатрической больницы в Лондоне, однажды сказал: "Если бы только наши пациенты знали, что значит быть прощенным, я бы мог половину из них выписать отсюда сегодня же". Вы должны принять дар прощения от Бога и обратить этот дар на самого себя, чтобы знать, что значит жить в настоящей свободе. Порой это нелегко сделать. Вместо того чтобы простить себя, как и Христос простил нас, мы продолжаем истязать себя в надежде на то, что это покажет Богу насколько глубоко мы осознаем всю серьезность своих поступков. Какой бы ни была причина для самонаказания за грехи, нужно понять, что в корне этого лежит недоверие Благой Вести.

Чувство вины и стыда за предательство Господа привели Иуду к самоубийству, так что он повесился. А неподалеку от того места Иисус был распят на кресте, страдая за грехи всего человечества, в том числе и за грех Иуды. Вам не нужно наказывать себя, за ваш грех уже было понесено наказание. Последние слова Иисуса на кресте – и не было более мучительных, болезненных и самых важных последних слов – это Его возглас: "Свершилось!" "Свершилось" – это греческое слово "tetelestai", которое используется только в Евангелии от Иоанна и является бухгалтерским термином, означающим "полностью оплачено". Когда Иисус произнес эту фразу на кресте, Он провозгласил, что долг человечества перед Отцом был навсегда уплачен и покрыт. Это был не долг Иисуса перед Отцом, а Иисус Собой уничтожил долг всего человечества перед Богом – долг греха. Он заплатил всё, и вам не нужно ничего к этому добавлять. Для полного прощения не нужны никакие дополнительные страдания.

Когда мы исповедуем свой грех, то Бог, будучи верен и праведен, прощает нас (1-е Иоанна 1:9). Если святой и праведный Бог может простить нас, грешников, тем более мы, будучи грешниками, должны простить себя. Если вы не прощаете самого себя, вы как будто говорите Богу, что ваши стандарты выше Его стандартов. По сути, вы говорите Богу, что относитесь к своему собственному греху намного серьезней, чем Он относится к нему. Нужно смириться и не только принять Божье прощение, но также подарить это прощение самому себе. Однако сначала, чтобы простить самого себя, мы должны принять это прощение от Бога.

Мы можем просить прощения у Бога, но освобождение придет лишь тогда, когда мы примем это прощение. Я часто встречаю людей, которые снова и снова просят Бога простить им какой-то определенный грех. А Он еще с первого раза простил их. Просто люди верой не приняли Его прощение.

Когда-то на Филиппинах жил один священник, который в свои молодые годы совершил ужасный грех, и все еще винил себя в содеянном. Все это время он постоянно просил Бога простить его. И хотя у него уже был свой церковный приход, он все еще мучался и не мог простить себя; естественно, это влияло на его духовный рост и отношения с Богом. Однажды на исповедь пришла женщина, но вместо того, чтобы рассказывать о своих грехах, она сказала, что видела Иисуса. Священник перебил ее и попросил не выдумывать, и не рассказывать ему сказки. Но женщина продолжала ходить в комнатку для исповеди, чтобы рассказать, что к ней приходил Иисус. В конце концов, священник решил испытать ее и попросил в следующий раз спросить у Иисуса, что случилось, когда он был в колледже. Священник рассуждал так: "Если она скажет мне мой грех, то Иисус и вправду ей являлся". Ведь если он никогда не забывал о своем грехе, то тем более Иисус знал и помнил, что случилось.

На следующий день эта женщина снова пришла на исповедь. Она была взволнована, священник тоже начал немного нервничать. Она сказала ему: "Отче, вчера Иисус снова приходил ко мне".

"Ну и что же Он сказал вам о том, что случилось, когда я учился в колледже?" – недоверчиво спросил священник.

Женщина ответила: "Иисус сказал, что Он простил вас и забыл об этом, и вам следует сделать то же самое". Священник извлек важный урок: он должен простить себя, потому что Бог уже давно простил его.

"Как далеко восток от запада, так удалил Он от нас беззакония наши" (Псалом 102:12). Бог удалил от нас наши грехи. Он утопил их в море забвения и поставил на берегу табличку "Рыбалка запрещена". "Я, Я Сам изглаживаю преступления твои ради Себя Самого и грехов твоих не помяну" (Исаия 43:25). Бог стирает наши грехи и принимает решение больше никогда о них не вспоминать. Если Он сделал это, когда мы грешили против Него, то мы должны сделать то же самое по отношению к себе – простить и забыть.

Когда я говорю "забыть", я имею в виду не носить этого в своем сердце, не перебирать в своей памяти и не наказывать себя это. Бог во Христе уже простил вас, поэтому примите Его прощение по вере. Простите себя, это освободит вас и поможет не совершать этого греха снова. Некоторые думают, что чувство вины и стыда поможет избежать греха в будущем, однако они бесполезны в борьбе со грехом. Только благодать дает нам силы не грешить. А благодать содержится в прощении.

Не вините Бога в своих невзгодах

Решение простить других людей и простить самого себя – это ключи к вашей свободе, однако некоторым людям нужно также простить Бога. Нет, Бог не грешит против человека, но некоторые люди держат обиду именно на Бога и винят Его за то, что Он что-то сделал или не сделал. Сатана стремится посеять в нашем сердце обиду к Богу, чтобы отдалить нас от Него. В определенный момент жизни дьявол подсунет вам эту приманку, чтобы вы начали сомневаться в Боге. Почему Господь позволил близкому человеку умереть? Почему Он не исцелил кого-то, за кого вы молились? Почему Бог не защитил от несчастного случая? Почему Он не уберег вас от сердечных ран?

Чье-то утверждение того, что если Бог с вами, то в жизни никогда не произойдет ничего плохого, не является библейским. Божье присутствие не является гарантией того, что вокруг вас не будет несправедливости. Посмотрите на Иосифа: Бог был с ним, однако его отвергли, предали, продали в рабство, ложно обвинили, бросили в тюрьму и совершенно забыли о нем. Также Бог был с еврейскими юношами Сидрахом, Мисахом и Авденаго, и все же их связали и бросили в огонь, чтобы погубить. Бог был с Иисусом, однако Его не понимали, отвергали, оставили, избили и распяли.

Какие бы ни были трудности и испытания, никогда не вините Бога и не позволяйте дьяволу ожесточить ваше сердце по отношению к Господу. Это еще одна ловушка сатаны. Когда все силы ада обрушились на жизнь Иова, он скорбел, но все равно поклонился Богу. "Во всем этом не согрешил Иов и не произнес ничего неразумного о Боге" (Иов 1:22). Если вы чувствуете, что в чем-то Бог подвел вас и не был с вами рядом, когда вы в Нем так нуждались, из-за этого вы огорчились на Бога и вините Его в случившемся, вам нужно раскаяться и отпустить такие чувства. Винить Бога во всем плохом, что происходит в этом мире, – это то же самое, что винить министра транспорта во всех авариях, которые случаются на дорогах. Это несправедливо. Мы живем в грешном мире, где многие выбирают тьму и дела тьмы. Решения каждого человека влияют на окружающих. Но Бог посреди всего этого хаоса желает быть рядом с нами и провести нас через любые несчастья к высшему призванию и высшей цели.

Я всегда говорю молодежи: "Если Бог не оправдал ваши ожидания, все равно доверяйте Ему. И вы увидите, как Он превзойдет все ваши ожидания". Если вы не позволите обиде на Бога разрастись в сердце, то вы сможете увидеть Его славу.

Иисус имел друзей, среди которых были Мария и Марфа. Однажды их брат Лазарь заболел и умер. Поскольку Иисус не успел прийти вовремя, чтобы исцелить Лазаря, то Мария и Марфа были очень огорчены. Поставьте себя на их место: вы бы тоже сильно огорчились. Казалось, что у Иисуса было время для всех, только не для друзей, когда они так в Нем нуждались. Когда Иисус наконец-то пришел, то Лазарь уже был мертв. Они рассчитывали на то, что Иисус сделает чудо и исцелит их брата, но Он вместо этого воскресил его из мертвых.

Иногда Бог не оправдывает наши ожидания лишь для того, чтобы совершить что-то невероятно большее чем то, что мы могли себе представить. Не накапливайте разочарований, и не позволяйте трудностям повлиять на отношение вашего сердца к Богу.

Было плохо, стало еще хуже

Иисус делает нашу жизнь лучше, преображая нас самих. Как правило, все происходит именно так. Ведь Он пришел, чтобы дать нам жизнь с избытком (Иоанна 10:10). Но порой на пути к жизни с избытком мы будем переживать неожиданные остановки, разочарования и уныние. Когда у начальника синагоги заболела дочь, он знал к Кому обратиться за помощью. Он пришел к Иисусу с просьбой, и Господь согласился помочь. Пока они шли, состояние девочки сильно ухудшилось, и она умерла. Люди, которые принесли эту новость отцу, сказали, чтобы он не утруждал Учителя. Иногда мы идем за Иисусом, но ситуация только ухудшается: было плохо, а стало еще хуже. Что же нам делать, когда это происходит? Винить во всем Иисуса? Оставить Его? Или продолжать идти вместе Ним? Иисус ответил начальнику синагоги, который был потрясен этой ужасной новостью: "Не бойся, только веруй" (Марка 5:36). Затем Иисус воскресил девочку из мертвых.

Суть этой истории такова: когда было все плохо и становится еще хуже, не бросайте, не останавливайтесь на полпути, но продолжайте свое путешествие с Богом. Пусть накопление обид и мысли о том, что все было лучше, когда вы были в мире и служили дьяволу, даже не проникают в ваше сердце.

ПРИМАНКА САТАНЫ

Пусть лучше я пройду "ад" на пути в небеса, чем пройду "небеса" на пути в ад.

Когда было плохо, а стало хуже, начните благодарить и поклоняться Богу, и Он обратит ваше поклонение в чудо.

Молитва

"Дорогой Господь, я принимаю Твое прощение и принимаю решение простить всех, кто причинил мне боль. Помоги мне отпустить их [называйте имена людей], я отдаю их в Твои руки. Я благословляю всех тех, кто ранил меня. Помоги им ходить в Твоей праведности, мире и радости.

Господь Иисус, я также прошу Тебя: прости меня за любые негативные и разрушающие чувства, которые я испытывал к самому себе. Я не буду больше терзать себя, я прощаю себя за то, что сделал однажды, как и Ты простил меня.

Я отпускаю неоправданные ожидания и обиды, которые я накопил на Тебя. Я отказываюсь винить Тебя, Господь, в любом зле, которое со мной произошло. Я всё это отпускаю из своего сердца и принимаю решение поклоняться Тебе и верить в Твою неизменную любовь ко мне. Святой Дух, помоги мне в этом".

ПУТЬ К СВОБОДЕ

ГЛАВА 8

ИСТИННАЯ СВОБОДА

Брайн вырос в неполной семье, его родители развелись, когда ему было всего шесть лет. Каждые выходные его родственники выезжали с ночёвкой на природу, где взрослые всегда распивали спиртные напитки. С раннего возраста мальчик привык видеть вокруг себя пьяных, и как следствие, к 14 годам он стал делать то же самое. Вскоре употребление алкоголя привело его к тому, что он попробовал опиоидные препараты, и в конечном счете стал зависимым. Вдобавок в этому в старших классах он начал покуривать травку.

После окончания школы его зависимость от опиоидов спровоцировала употребление героина. Вскоре Брайна выгнали из квартиры, он потерял работу и начал жить на улице вместе с такими же наркоманами, как и он сам, для которых единственной целью в жизни было получить кайф от наркотиков. Однажды, когда он ехал в машине со своей девушкой, их остановил полицейский, его подругу арестовали, машину забрали на штрафстоянку, а ему пришлось пешком добираться до дома своей матери. По дороге он упал и потерял сознание из-за того, что принял наркотик. К счастью, мать нашла его, лежащего на улице под открытым небом. Зависимость сильно захватила его жизнь: несколько раз он чуть не умер от передозировок. Однажды, находясь в квартире друга, у Брайна остановилось дыхание, тогда друзья засунули его под душ, чтобы привести в сознание. В течение следующих шести недель он четыре раза пережил передозировку. Во время одного из таких инцидентов его объявили мертвым на месте происшествия, но затем каким-то чудом медикам удалось его откачать. Однако ни один из этих случаев не пробудил в нем желания к свободе.

Спустя некоторое время его девушка сообщила неожиданную новость, что она беременна и вскоре Брайн должен стать отцом. Эта новость настолько потрясла его, что он решил измениться и обратился за профессиональной помощью в реабилитационный центр. Он прошел курс реабилитации и вышел из центра, после чего узнал, что отцом ребенка является кто-то другой. Получается, что обман стал тем сильным мотиватором, который заставил его искать освобождения от наркотиков. Брайн все же продолжил свой путь к свободе от зависимости, выполняя все предписания суда: ходил на все встречи общества анонимных алкоголиков и анонимных наркоманов, а затем стал частью оксфордской группы по реабилитации наркозависимых.

Именно тогда моя сестра пригласила его через Фейсбук на служение в нашу церковь. И хотя во время встреч оксфордской группы люди периодически говорили о Боге, Брайн не обращал на них никакого внимания. Он не вырос в религиозной среде, поэтому любые разговоры о Боге были ему чужды. Но все-таки, когда моя сестра пригласила его в церковь, он решил прийти. Находясь в первый раз на служении в церкви, он чувствовал себя ужасно неловко и необычно, как он рассказал позже в своем свидетельстве. Само понимание того, что есть Бог, было странно и непонятно для него, к тому же люди вокруг громко молились и говорили на непонятных языках, да и сама атмосфера смущала его. Но, несмотря на все это, он пришел в церковь снова. Мой двоюродный брат Назар предложил подвозить его на каждое служение и пригласил его к себе на домашнюю группу. Позже Брайн сказал, что, если бы не забота Назара, который постоянно ободрял его, звонил, встречался, то он бы ни за что не пришел бы в церковь снова.

Через несколько месяцев Брайн отдал свою жизнь Иисусу и принял водное крещение. Он начал активно участвовать в служениях церкви и приходить на утренние молитвы в 5 часов утра. Затем он успешно прошел нашу летнюю программу подготовки служителей. А Назар, лидер его домашней группы, благословил его хорошей машиной. В жизни Брайна произошел крутой разворот от рабской зависимости к Богу. Я присутствовал на слушании его дела в суде, когда с него сняли все обвинения. Во время слушания Брайн смело свидетельствовал о Христе и Божьей силе, благодаря которой все поменялось в его жизни. Суд проходил среди недели, в среду, и его мать, хоть и жила в другом штате, сделала ему сюрприз и приехала на судебное заседание. В тот же вечер на служении церкви она посвятила свою жизнь Иисусу. Теперь они оба являются частью нашей поместной церкви. Позже Брайн также стал лидером домашней группы.

В настоящее время он руководит группой порядка в нашей церкви и обучается в университете, получая степень бакалавра в сфере бизнеса. Иисус освобождает нас и дает цель в жизни. Однако свобода дается не для того, чтобы мы делали то, что хотим сами, но для того, чтобы могли осуществить то, что хочет для нас Бог.

"Отвяжите осленка и приведите ко Мне"

Предназначение свободы можно объяснить на примере истории осленка из Евангелия от Матфея 21:1-11. Пророчество о нем существовало задолго до его рождения. С вами все обстоит подобным образом: у Бога был план для вашей жизни задолго до вашего рождения, вы – не случайность. Вы пришли от Бога, но через своих родителей. Бог знал вас еще до того, как вы были зачаты. Хотя об осленке и было пророчество, мы знаем, что он был привязан в тот момент, когда Иисус хотел использовать его для Своей цели.

Очень часто, прежде чем Бог будет вас использовать, дьявол будет пытаться держать вас на привязи, чтобы ограничивать и не дать войти в Божье предназначение. Вы можете быть связаны зависимостью, низкой самооценкой, жестоким надругательством, страхом, осуждением или чем-то другим, все это для того, чтобы удержать вас от призвания, для которого вы были особо сотворены. Итак, Иисус послал двух учеников, чтобы те нашли и отвязали осленка. А когда израильский народ был в египетском рабстве, то Бог послал Моисея. Также Бог посылал Самсона, Самуила, Саула и Давида, чтобы освободить народ от угнетения филистимлян. Если вы до сих пор находитесь под угнетением греха, то Бог уже послал Своего Сына Иисуса Христа, чтобы сделать вас свободным.

Вы освобождаетесь, чтобы осуществить свое предназначение. Иисус попросил Своих учеников освободить осленка и привести к Нему. Они должны были не просто развязать ослика и отпустить. Освобождение имело определенную цель. И цель заключалась не в том, чтобы развязать осленка и предоставить ему свободу делать то, что заблагорассудится, а в том, чтобы он мог послужить Иисусу. Ослик стал по-настоящему свободен, когда Иисус сел на него, а не тогда, когда его отвязали. Настоящая свобода приходит не тогда, когда грех удален, а когда Иисус становится центром вашей жизни, заполняя ту сферу, где господствовал грех. У вашего освобождения есть определенная цель. Если вам кажется, что свобода дарована для того, чтобы вы могли делать все, что хотите, то вы станете легкой мишенью для дьявола.

После освобождения вы становитесь либо инструментом исполнения Божьей воли на земле, либо легкой мишенью для врага. Повторюсь, ослик стал свободным не тогда, когда с него сняли веревки, а тогда, когда Иисус сидел у него на спине. То, насколько грех влияет на вашу жизнь, определяет степень вашего порабощения. В такой же мере верно и обратное: то, насколько Иисус влияет на вашу жизнь, определяет степень вашей свободы. Когда цепи разорваны и демоны выгнаны из вашей жизни, это всего лишь начало. Настоящая и реальная свобода приходит тогда, когда Бог заполняет место, которое раньше занимали грех и сатана. Это побуждает вас быть намного преданнее Богу, чем греху и дьяволу, которым вы когда-то преданно служили.

Когда Иисус сел на осленка, тот повез Его в Иерусалим, и весь город пришел в движение. Если Иисус является Господом вашей жизни, то Он будет использовать вас в служении. Но если вы сами управляете своей жизнью, то вы начинаете использовать Бога в своих корыстных целях. Цель свободы – отдать полный контроль своей жизни Иисусу и заполнить Им свое окружение: ваш город, дом, школу, рабочее место. Пусть все поколение придет в движение и будет захвачено Иисусом, Который есть ваш Господь. Вот почему осленку была дарована свобода, и то же самое касается и вас.

"Чтобы они служили Мне"

Выход из Египта – это еще одна замечательная иллюстрация о том, что значит обрести свободу от рабства греха и сатаны. Для чего Бог вывел израильский народ из рабства? Потому что Он обещал это Аврааму? Или потому что Бог праведен, а египтяне несправедливо относились к евреям? Может, потому что Израиль должен был взять в наследие землю обетованную? Хотя все это действительно так: Бог исполнил обещанное Аврааму, покарал несправедливость Египта и дал землю в наследие Израилю, истинная причина выхода из Египта показана в следующих стихах:

"Господь, Бог Евреев, призвал нас; итак, отпусти нас в пустыню, на три дня пути, *чтобы принести жертву Господу, Богу нашему*" (Исход 3:18).

"Отпусти народ Мой, чтоб он совершил Мне праздник в пустыне" (Исход 5:1).

"Бог Евреев призвал нас; отпусти нас в пустыню на три дня пути *принести жертву Господу, Богу нашему*, чтобы Он не поразил нас язвою или мечом" (Исход 5:3).

"А кирпичей наложите на них то же урочное число, какое они делали вчера и третьего дня, и не убавляйте; они праздны, потому и кричат: "Пойдем, *принесем жертву Богу нашему*" (Исход 5:8).

"И скажи ему: Господь, Бог Евреев, послал меня сказать тебе: "Отпусти народ Мой, *чтобы он совершил Мне служение в пустыне*"; но вот, ты доселе не послушался" (Исход 7:16).

"И сказал Господь Моисею: пойди к фараону и скажи ему: так говорит Господь: отпусти народ Мой, чтобы *он совершил Мне служение…*" (Исход 8:1).

"И призвал фараон Моисея и Аарона и сказал: помолитесь Господу, чтоб Он удалил жаб от меня и от народа моего, и я отпущу народ Израильский *принести жертву Господу*" (Исход 8:8).

"И сказал Господь Моисею: завтра встань рано и явись пред лицо фараона. Вот, он пойдет к воде, и ты скажи ему: так говорит Господь: отпусти народ Мой, *чтобы он совершил Мне служение…*" (Исход 8:20).

"И призвал фараон Моисея и Аарона и сказал: пойдите, *принесите жертву Богу вашему в сей земле*" (Исход 8:25).

ИСТИННАЯ СВОБОДА

"И сказал фараон: я отпущу вас *принести жертву Господу, Богу вашему, в пустыне*, только не уходите далеко; помолитесь обо мне" (Исход 8:28).

"И сказал Господь Моисею: пойди к фараону и скажи ему: так говорит Господь, Бог Евреев: отпусти народ Мой, *чтобы он совершил Мне служение…*" (Исход 9:1).

"И сказал Господь Моисею: завтра встань рано и явись пред лицо фараона, и скажи ему: так говорит Господь, Бог Евреев: отпусти народ Мой, *чтобы он совершил Мне служение…*" (Исход 9:13).

"Моисей и Аарон пришли к фараону и сказали ему: так говорит Господь, Бог Евреев: долго ли ты не смиришься предо Мною? Отпусти народ Мой, *чтобы он совершил Мне служение…*" (Исход 10:3).

"Тогда рабы фараоновы сказали ему: долго ли он будет мучить нас? Отпусти сих людей, *пусть они совершат служение Господу, Богу своему*; неужели ты еще не видишь, что Египет гибнет?" (Исход 10:7).

"Фараон призвал Моисея и сказал: пойдите, *совершите служение Господу*, пусть только останется мелкий и крупный скот ваш, а дети ваши пусть идут с вами" (Исход 10:24).

"И призвал фараон Моисея и Аарона ночью и сказал: встаньте, выйдите из среды народа моего, как вы, так и сыны Израилевы, и пойдите, *совершите служение Господу, как говорили вы…*" (Исход 12:31).

Прочитав эти стихи, становится ясно видно, что Бог освободил израильский народ из Египта, чтобы тот мог свободно служить Ему. Моисей не использовал эту причину как обман или предлог, чтобы египтяне отпустили евреев. Служение Богу и поклонение Ему были основной причиной, по которой Бог явил Свою силу и освободил израильтян из египетского рабства.

ПУТЬ К СВОБОДЕ

Земля обетованная была их назначением, но ведь служение Богу являлось главной целью и причиной переселения. Бог понимал, что израильтяне не могут служить Ему в полной мере, будучи рабами фараона. Также и мы, если грех поработает нас на полную рабочую ставку, то мы не доступны, чтобы полностью служить Иисусу. К сожалению, подобно израильскому народу, мы часто ищем свободу совсем по другим причинам. Да, мы хотим быть свободными, чтобы нам было легче, чтобы мы не жили в стыде, осуждении, не были в бедности, не ранили других и чтобы после смерти не попали в ад. Ведь и израильтяне думали, что свобода была дана им, чтобы избавить от бремени и ужасной несправедливости.

Но Бог был заинтересован не только в том, чтобы избавить их от притеснителя; Он хотел полностью убрать врага и быть посреди Своего народа. Он Сам хотел быть их Господином, вместо фараона, который правил ими. Он ждал, когда евреи начнут служить Ему как Его сыновья, ведь до этого они были рабами, подчиняясь жестокому фараону.

К сожалению, у израильтян больше получалось быть рабами фараона, чем служителями Бога. Подобно порабощенным евреям, многие люди не знают, как преданно служить Богу в роли Его сыновей, зато знают как жить с грехом и быть в постоянной зависимости. Выход из Египта, прежде всего, был для того, чтобы поменять господина, а не для того, чтобы улучшить условия жизни еврейского народа. Бог должен был стать их Господином вместо фараона. Евреям нравился тот факт, что Сам Бог стал их Избавителем, но подчиняться Ему как Господу для многих освобожденных рабов было очень сложно. А вы так же ревностно служите Богу, как и рабы греха служат дьяволу?

ИСТИННАЯ СВОБОДА

Что такое настоящая свобода

Мы привыкли считать, что освобождение означает устранение какого-либо бремени, но апостол Павел определяет свободу по-другому: "А где дух Господень, там свобода" (2-е Коринфянам 3:17). Там, где присутствует Дух Святой, там и есть свобода. Павел не сказал, что свобода приходит тогда, когда оковы падают, проклятия разрушаются, а демоны бегут в страхе. Если человек избавляется от зависимости, можно ли это считать свободой? Если изгнан злой дух, можно ли это считать свободой? Вы не можете считать человека по-настоящему свободным, если Дух Божий не занял того места, которое раньше занимали грех и зависимость в жизни человека.

Свобода – это не только устранение зла, но и наполнение Божьим присутствием. Если вы изгоняете сатану только для того, чтобы исполнять свои желания – это не свобода. Многие люди хотят получить свободу лишь для того, чтобы прожигать свою жизнь по полной программе. Это очень опасно и неправильно. Иисус освободил вас не для того, чтобы вы могли возвести самого себя в чин "бога своей жизни". Ваши грехи были омыты драгоценной кровью Иисуса, чтобы вы могли служить Богу, как минимум, так же рьяно, как раньше служили дьяволу.

Если после освобождения вы концентрируете свою жизнь только на самом себе, собственных желаниях и амбициях, то это не настоящая свобода. Когда человека переводят из одной тюремной камеры в другую, он все равно находится в тюрьме даже если эта камера на другом этаже и в другой части здания. Если ваше сердце наполняет эгоизм после того, как вы получили свободу, то вы по-прежнему под угнетением сатаны.

Как я уже упоминал ранее, свобода дается не для исполнения собственных желаний, но для предназначения: предоставить себя Богу и Его желаниям. Основным постулатом сатанизма является фраза: "Да будет воля моя", то есть следование собственным желаниям. Сатанизм – это не только поклонение сатане, это также поклонение самому себе. Поэтому, если мы избавляемся от зависимости, демонов и проклятий лишь для того, чтобы служить себе и возвышать себя, мы все еще в рабстве.

"Возьми" вместо "дай"

При рождении свыше мы становимся Божьими детьми. Это наша сущность и позиция во Христе. Будучи сыновьями, мы должны иметь сердце слуги. Иисус был Сыном Божьим, и все же Он был послушен до смерти крестной, исполняя волю Отца. Он пришел на землю для того, чтобы послужить Божьему изволению и умереть. К сожалению, многие люди считают, что сыновство дает им привилегию, и им больше не нужно умирать для себя и своего эгоизма. Они используют Бога, чтобы добиться своих целей, вместо того чтобы позволить Богу использовать их для осуществления Его воли.

Сатана искушал Иисуса в пустыне и на кресте с помощью следующей мысли: "Если Ты Сын Божий, то Тебе не нужно быть слугой и не нужно отдавать Свою жизнь ради воли Отца". Иисус без колебаний отверг эту мысль. К сожалению, многие христиане купились на эту ложь: "Я – сын, поэтому мне не нужно служить". Когда мы стоим в позиции сыновства, но не обладаем сердцем служителя, мы ничуть не лучше блудного сына.

Блудный сын хорошо знал свои права, однако как сын он не понимал своей ответственности. Возможно, он был хорошим сыном, но ужасным слугой. У него не было ненависти к своему отцу – он просто очень сильно любил себя. Блудный сын не восстал против отца, он просто ушел от него. Все его просьбы сводились к следующему: "Дай мне то, что принадлежит мне по праву сыновства". Сначала может показаться, что нет ничего плохого в том, чтобы просить наследство, которое ваше по праву. Однако у сына не было желания быть рядом со своим отцом или

ИСТИННАЯ СВОБОДА

исполнять его волю. Он просто использовал отца, чтобы исполнять свои желания. В итоге он получил то, что хотел, но не ценил то, что имел.

Статус сыновства не уберег его от жизни со свиньями. Он получил хороший урок, живя вдали от отца. Когда блудный сын все-таки вернулся домой, то больше не просил отца ни о каких вещах для себя, а просто хотел быть принятым в дом в качестве слуги. Он всегда был сыном, но только теперь осознал, что ему нужно было приобрести сердце служителя.

В момент рождения свыше вы становитесь дитём Божьим, но после этого вам нужно развить в себе сердце слуги, иначе вы потеряете свою свободу в оковах себялюбия и эгоизма. От себялюбия до "жизни со свиньями" всего лишь один шаг. Когда вы уверовали, статус сыновства дается бесплатно, а вот взросление, ученичество, сердце слуги и посвящение себя дорого стоят нашей плоти. Вам нужно будет отдать все, в том числе и отказаться от эгоизма и гордости. Если это стоило Иисусу Его жизни, то цена посвящения для вас будет не меньшей.

Существует всего три варианта того, как распорядиться собственной жизнью: разрушить ее грехом, растратить в себялюбии и эгоизме или же предоставить свою жизнь Спасителю и Богу. Настоящая свобода заключается в том, что мы освобождаемся и предоставляем себя в жертву живую, святую и благоугодную Господу, ведь Он умер за каждого из нас.

ПУТЬ К СВОБОДЕ

Молитва

"Отец Небесный, испытай мое сердце, не на опасном ли я пути. Помоги мне проанализировать все свои мотивы в свете Твоего слова. Прости меня, когда я хотел быть свободным от рабства, греха и сатаны, чтобы жить по своему усмотрению и по своим желаниям. Прости меня за это. Пусть Твои желания станут моими, и Твоя воля станет моей. Я знаю, что Ты хочешь захватить мою жизнь целиком и полностью, поэтому я прошу Тебя, как и блудный сын просил своего отца: сделай меня Своим слугой и будь Господином моей жизни. Прости за то, что я использовал Тебя, чтобы добиваться своих целей. Отныне Ты – моя цель, и Ты – моя величайшая награда".

ГЛАВА 9

РАЗРУШАЯ ТВЕРДЫНИ

Однажды ученые провели эксперимент с барракудой – крупной рыбой, которая питается другими, более мелкими рыбками. Они поместили барракуду в аквариум и выпустили туда же другую рыбу. Барракуда сразу же набросилась на меньшую рыбу. Тогда ученые поставили посреди аквариума стекло так, чтобы с одной стороны оставалась барракуда, а с другой рыба поменьше. Стеклянная перегородка была невидимой, поэтому, когда барракуда бросилась к меньшей рыбе, то сильно ударилась об стекло. Она продолжала биться об невидимую преграду каждый раз, когда хотела заплыть на другую сторону аквариума. Затем барракуда стала медленно подплывать к стеклу и слегка прикасалась к нему. Через несколько дней ученые убрали стекло, но, к их огромному удивлению, барракуда даже не попыталась переплыть на другую сторону аквариума и атаковать мелкую рыбу. Они пришли к выводу, что, хотя стекло и убрали из аквариума, наличие преграды прочно отложилось в памяти у рыбы.

Все мы сталкиваемся с невидимыми преградами в своей жизни, и после многочисленных неудач, поражение прочно отпечатывается в нашей душе. Даже если убрать все преграды в духовном мире, мы все равно остаемся ограниченными, потому что преграда все еще остается в нашем сознании, и ее необходимо убрать.

ПУТЬ К СВОБОДЕ

Сильные демоны живут в твердынях

Иисус сказал: "Или, как может кто войти в дом сильного и расхитить вещи его, если прежде не свяжет сильного?" (Матфея 12:29). Сильный – это злой дух, который крадет у человека мир, радость, финансовое благополучие и здоровье. Мы должны связать сильного, чтобы избавиться от него. Сильный – это демон, а твердыня – это сооружение в нашем мышлении. "Оружия воинствования нашего не плотские, но сильные Богом на разрушение твердынь" (2-е Коринфянам 10:4). Мы имеем мощное оружие, которое способно связать сильных демонов, а также разрушить их твердыни в нашем разуме.

Нужно понимать, что демоны могут появиться, навредить и быстро исчезнуть. Твердыни же сооружаются в течение длительного времени, поэтому, чтобы их разрушить, тоже нужно время. Дьявол заинтересован не только в том, чтобы разрушить вашу жизнь, он также строит в ваших мыслях определенный образ мышления, чтобы, если вдруг ему придется покинуть территорию мыслей, его твердыни лжи остались бы там, и тогда вы бы жили в поражении, как и прежде. Твердыня – это крепость, которую дьявол строит в вашем разуме. Это и есть жилище сильного.

Если территорию вашего мышления постоянно посещают сомнения, страхи, осуждение, низкая самооценка, ложь и негативные мысли – это и есть твердыни сильного. Дьяволу требуется определенное время, чтобы построить ложь в вашем разуме, и как только сооружение готово, он считает это своей крепостью – домом сильного. Твердыня – это сооружение дьявола. Вы можете изгнать демонов, но если вы не разрушите его строений, он все еще будет досаждать и мучить вас с помощью твердынь, сформированных в разуме.

РАЗРУШАЯ ТВЕРДЫНИ

Твердыня – это образ мышления

Однажды социологи провели эксперимент с участием миллионера и бездомного человека. Их просто поменяли местами: миллионер оказался на улице без гроша в кармане, а бездомному дали миллион долларов. Авторы эксперимента следили за их поведением, чтобы увидеть, смогут ли деньги решить проблему бездомного. За короткий промежуток времени у бывшего миллионера, оставшегося без крыши над головой, появилась идея создания нового бизнеса. Ему было запрещено использовать старые знакомства, обращаться к бывшим друзьям, а также запрещалось открывать бизнес, подобный тому, что он имел раньше. Вскоре его новый бизнес стал набирать обороты, и бывший миллионер снова стал миллионером, начав с нуля. А бродяга, получивший миллион долларов, растратил все деньги, живя беспечно, и через время очутился на улице без гроша в кармане. Данный эксперимент подтвердил, что миллионер – это больше образ мышления, чем финансовое положение.

Утвердившийся образ мышления имеет огромную силу. Мы можем контролировать свой разум, но образ мышления, все равно контролирует наши действия, так как большинство действий мы совершаем автоматически. Подсознание влияет на нас сильнее нашего сознания, поэтому образ мышления имеет способность притягивать как магнит. К примеру, если ваше мышление наполнено негативными мыслями, то они в свою очередь притягивают негативные вещи в вашу жизнь. Вот почему Иисус сказал: "Ибо всякому имеющему дастся и приумножится, а у неимеющего отнимется и то, что имеет" (Матфея 25:29). То, чем наполнен ваш разум, вскоре определит то, чем наполнится ваша жизнь, до избытка отображая глубокие помыслы. Некоторые люди терпят неудачу в жизни вовсе не из-за демонов, а из-за своего мышления. Твердыни, сформировавшиеся в разуме, можно разрушить только с помощью истины Божьего слова.

ПУТЬ К СВОБОДЕ

Прикосновение или истина

Когда Иисус касался вопроса освобождения в 8-й главе от Иоанна, Он сказал: "Если Сын освободит вас, то истинно свободны будете". Это касается как изгнания демонов, так и разрушения родовых проклятий. Своим прикосновением Иисус изгонял демонов, и те уходили. Однако в этой же главе Христос также учит, что когда мы познаем истину, то истина делает нас свободными. В связи с этим назревает вопрос: если мы получаем свободу, когда Иисус прикасается и освобождает нас, то почему нам все еще нужно познавать истину и становиться свободными? Иисус властью и силой изгоняет сильного, но только Его истиной можно разрушить твердыни сильного в нашем разуме. Это принесет бо́льшую свободу, чем просто изгнание нечистых духов.

Помазание изгоняет демонов, а истина разрушает их твердыни. Нам нужно освобождение и от того, и от другого. Не просто знакомство с истиной, а именно ее познание сделает нас свободными. Истина, некоторым образом, подобна мылу: она действует только после применения. Даже если у вас есть целый мешок мыла, но вы не наносите его на кожу, то не будет вам от него никакой пользы. Божья истина не будет изменять вашу жизнь до тех пор, пока вы лично не познаете ее. Лишь тогда, когда истина будет внутри вас, она начнет действовать и приносить свободу в разум.

Истина – это нечто большее, чем просто факты; это то, что Сам Бог говорит о нас. Факты могут меняться, а истина остается неизменной. Иисус есть истина. Чем больше мы познаем Иисуса, тем больше узнаем истину о себе, и приобретаем большее освобождение от твердынь в своем разуме.

Такая свобода приходит не от прикосновения Иисуса, а от учения Иисуса, когда Божье слово проникает внутрь сердца через слышание, чтение, запоминание, провозглашение и послушание. Слово начинает разрушать твердыни лжи в нашей жизни и приносит свободу, а также дает способность продвигаться вперед с Духом Святым.

Одна молодая женщина, придя на служение в нашу церковь, покаялась и приняла спасение. Когда я общался с ней, она рассказала, что во время беременности попала в аварию и пережила огромный стресс. С того момента она боялась водить машину и уже 4 года не садилась за руль. Это изрядно осложняло ее жизнь. Я помолился за нее и изгнал дух страха. Затем я ощутил побуждение попросить ее написать от руки 2 Тимофею 1:7 тысячу раз, после этого она сможет сесть за руль и снова водить автомобиль.

Впервые я услышал нечто подобное от Дэвида Йонги Чо, он сказал одной женщине, которая никак не могла исцелиться от рака, написать от руки следующее обетование тысячу раз: "Ранами Его мы исцелились". После того, как она написала обетование на бумаге тысячу раз, Бог исцелил ее.

Послушав совет, молодая женщина начала ежедневно писать обетование из 2 Тимофею 1:7. Цель этого упражнения заключалась в том, чтобы очистить разум с помощью Божьего слова от любых воспоминаний об аварии и связанных с этим страхов.

Наш разум подобен кораблю. Как только он наталкивается на айсберг, в нем появляются отверстия и вода начинает заливаться внутрь и заполнять пространство, создавая таким образом твердыню в нашей жизни. Титаник утонул не потому, что в океане было слишком много воды, но потому, что вода попала внутрь.

Поэтому, когда я давал ей это задание, я пытался словом Божьим вычерпать весь страх, который попал в ее душу. Эта сестра даже не закончила писать стих тысячу раз, как почувствовала свободу, снова села за руль и повела машину;

Господь даровал ей полное освобождение. Познание истины приносит свободу в нашу жизнь.

Бог для фараона

Моисей был призван вывести народ израильский из рабства, и Бог обещал ему в этом помочь. Когда Моисей вернулся в Египет и просил фараона отпустить Божий народ, то фараон и пальцем не пошевелил. Вместо этого, он наложил еще более тяжкое бремя на евреев, заставив их производить то же самое количество кирпичей, но не давая при этом солому. Фараон смотрел на Моисея сверху вниз, ни во что не ставя его. Даже израильтяне стали считать Моисея ненормальным, поскольку он пообещал им свободу, а сам лишь ухудшил их положение. Моисей же был огорчен на Бога за то, как все обернулось.

Тогда Господь заверил Моисея, что все будет хорошо, а затем сказал: "Смотри, Я поставил тебя Богом фараону, а Аарон, брат твой, будет твоим пророком" (Исход 7:1). Фараон не послушал Моисея, израильский народ – тоже. Моисей был в унынии, и тогда Господь говорит ему быть Богом для фараона? Какое интересное решение! Но на самом деле Бог пытался показать ему очень важный принцип касательно духовной войны. Однажды Моисей бежал из Египта, но похоже, что мышление раба в его разуме так и не было разрушено. Он не мог вести себя как раб, если собирался освободить других рабов. Бог хотел, чтобы Моисей начал видеть себя совершенно по-другому, только тогда он сможет поменять ситуацию с фараоном и израильским народом.

Бог не торопил обстоятельства и не пытался ускорить процесс выхода евреев из Египта. Вместо этого, Он прояснил Моисею его позицию в духовном мире. Моисею требовалось изменить отношение к самому себе. Фраза "ты будешь Богом для фараона" не должна вас пугать. Фараон считал себя богом наряду

РАЗРУШАЯ ТВЕРДЫНИ

с другими богами, которым поклонялись все египтяне. Бог объяснил, что в духовном мире Моисей занимает более высокую позицию, чем фараон, и для того, чтобы освободить народ израильский, ему придется перестать просить фараона, словно подчинённый. Вместо этого, ему придется дать повеление фараону, словно Моисей – его господин.

Я твердо убежден, что Моисей принял это откровение, поскольку далее стали происходить невероятные вещи. Далее фараон стал просить Моисея, чтобы тот помолился и Божьи казни прекратились. Он начал воспринимать Моисея всерьез. Разумеется, Моисея стали уважать даже в стане врага.

Если вы хотите, чтобы Божья сила двигалась через вас, вам нужно знать свою позицию, кем вы являетесь во Христе. Вы имеете власть в имени Иисуса и можете повелевать Божьим врагам: сатане, греху и болезням. Перестаньте относиться к себе как к рабу, иначе вы будете жить в рабстве, несмотря на дарованную вам свободу. Когда у Моисея изменился образ мышления, это не только повлияло на поведение фараона, но и позволило провозгласить десять казней, которые целенаправленно атаковали богов Египта, и эти божества были сокрушены.

Когда вода превратилась в кровь, Хапи, бог реки Нил, был низвергнут.

Когда из Нила вышли лягушки, Хекет, египетская богиня плодородия, влаги и изобилия, была низвергнута.

Когда землю заполнили насекомые, Геб, египетский бог земли и пыли, был низвергнут.

Когда на Египет обрушились стаи песьих мух, Херфи, египетский бог с головой блохи, был низвергнут.

Когда в Египте начался падеж скота, Хатор, египетская богиня с головой коровы, была низвергнута.

ПУТЬ К СВОБОДЕ

Когда пыль на людях и скоте превратилась в воспаления с нарывами, Исида, египетская богиня медицины была низвергнута.

Когда на землю обрушился град и огонь, Нут, египетская богиня неба была низвергнута.

Когда восточные ветра нанесли саранчу на всю землю Египетскую, Сет, египетский бог песчаных бурь и хаоса, был низвергнут.

Когда над Египтом на три дня воцарилась кромешная тьма, Ра, бог солнца, который считался самым почитаемым богом в Египте, помимо фараона, не смог дать египтянам свет и был опозорен.

Когда смерть забрала всех первенцев в Египте, то сам фараон, которого считали воплощением сына бога Ра, и которому поклонялись, как величайшему из всех богов Египта, был посрамлен. Он не смог защитить свой собственный дом, когда умер его первенец.[11]

Как видите, Моисею нужно было ходить во власти, чтобы победить демонические силы, стоящие за египетскими богами. Это были не просто слепленные статуи, которым поклонялись в Египте. Это были демонические существа, которые можно было победить лишь силой Божьей.

Вам нужно облечься в Божью власть, если вы хотите ходить в Его силе. Возможно, вы не чувствуете никакой силы, особенно если в вашей жизни творится хаос. Или вы сделали несколько шагов в вере, и против вас сразу восстали все силы ада. Продолжайте обновлять свой разум и изучать, что Бог говорит о вас. Продолжайте двигаться вперед, тогда дьявол убежит от вас. Он будет просить оставить его в покое, также как он умолял об этом Иисуса, когда Он был на земле. Демоны не будут реагировать на вашу боль, а лишь на власть, в которой вы стоите.

Иисус отнял власть у сил тьмы, и это означает, что у них ее совсем не осталось, однако они ведут себя так, будто она у них есть. Это вы – полицейский, а дьявол – нарушитель. Это преступники бегают от полиции, а не наоборот. Дьявол должен убегать от вас, а не вы от него. Вы имеете знак, символизирующий власть Иисуса, а ваше оружие – сила Святого Духа. Когда вы понимаете свою позицию и то, кем являетесь на самом деле, то силы тьмы начнут в страхе убегать от вас, и вы увидите Божью славу в своей жизни.

Раб, скиталец или воин

Не только Моисею нужно было поменять мышление, чтобы вывести Израиль из Египта – всему народу нужно было менять мышление в пустыне. Бог хотел разбить твердыни рабства, проводя их через различные обстоятельства, прежде чем ввести в обетованную землю.

В Египте они были рабами, но, чтобы завоевать территорию, они должны были стать воинами. Когда-то они ждали, пока Бог разделит для них воды Чермного моря, но в обетованной земле они должны были войти в реку до того, как воды расступятся. В Египте фараон освободил их и отпустил, но в обетованной земле им нужно было прогонять всех врагов.

Поэтому, переход израильтян из Египта в обетованную землю подразумевал изменение образа мышления от раба к воину. Большинство из народа не смогло осуществить переход и умерло в пустыне. Богу было легче вывести целый народ из Египта, нежели вывести "Египет" из мышления людей. Точно так и Христу было намного легче изгнать тысячи демонов из одержимого человека, чем разрушить твердыни в разуме фарисеев.

Бог допускает пустыни в нашей жизни, чтобы уничтожить мышление рабства, нищеты, болезней, жертвы и все другие, которые не соответствуют Божьему слову.

В Египте мы научились мыслить как рабы, в пустыне научились выживать, но для обетованной земли мы должны стать воинами. В Египте у израильтян был недостаток, в пустыне они имели пропитание и могли сводить концы с концами, но в земле, обещанной Богом, был избыток. Какое мышление на данный момент преобладает в вашем разуме – раб, скиталец или воин?

Мышление раба – это мышление пострадавшего. Мышление скитальца – это постоянная пустыня и выживание. А мышление воина – это мышление сыновства и Царства Божьего. Такое мышление подразумевает партнерство с Богом и сотрудничество с Ним, а не просто ожидание и вымаливание у Него того, что наше по праву благодаря Голгофе.

Притча о блудном сыне показывает, как старший сын ожидал, что отец будет своими руками давать ему то, что и так принадлежало ему. Он полагал, что отец должен все давать, также как и израильтяне ожидали, что Бог будет разбираться с врагами в обетованной земле, подобно как с египтянами. Люди с рабским мышлением будут брать на себя роль пострадавших и ожидать, что Бог будет делать все за них. Старший сын вел себя именно так, хотя был наследником всего. У нас в разуме должен произойти переворот, если мы хотим, чтобы все твердыни Египта в нашей жизни были разрушены.

Окончательная победа

Иисус Навин, следовавший за Моисеем 40 лет, был тем, кто ввел нацию воинов в землю обетованную. Он одержал победу над 31-м царем. Половина книги Иисуса Навина посвящена сражениям и победам над врагами. Вторая половина книги описывает раздел добычи. Всякий раз за победой следовали благословения. Однако народу так и не удалось прогнать из земли некоторые племена, и это значило, что их победа была не окончательной.

Порой, когда кто-то молится за вашу свободу, вы можете почувствовать, что победа не полная и сражение не закончилось. Вы получаете от Господа какую-то часть освобождения, особенно если кто-то подвизается за вас в молитве, но это еще не конец. Возможно, Бог просто дает вам толчок и хочет, чтобы вы сражались дальше вместе с Ним, пока не одержите полной победы. Ошибка некоторых людей заключается в том, что они постоянно ищут еще одного служителя или служение, обладающее более глубоким помазанием, в то же самое время игнорируют свою роль в битве и не стоят на слове Божьем. Частичная победа была дарована израильтянам не просто так, а по определенной причине.

Посмотрите на причину, которую указывает Бог, говоря о врагах, оставшихся в земле обетованной: "Вот те народы, которых оставил Господь, чтобы искушать ими Израильтян, всех, которые не знали о всех войнах Ханаанских, для того только, чтобы знали и учились войне последующие роды сынов Израилевых, которые прежде не знали ее" (Судей 3:1-2).

Бог оставил некоторых вражеских царей для того, чтобы научить Свой народ сражаться, и посмотреть, будет ли Израиль по-прежнему повиноваться Богу и служить Ему, несмотря на присутствие врагов. Мне кажется, что иногда Бог не освобождает нас на все 100 процентов по молитве служителей лишь только потому, что есть определенные битвы, предназначенные именно для нас самих, чтобы учить духовной брани и власти, ради нашей же свободы.

ПУТЬ К СВОБОДЕ

Я часто вспоминаю фрагмент из фильма "Хроники Нарнии: лев, колдунья и волшебный шкаф", в котором волки напали на Питера и Аслана. Аслан не стал вмешиваться, а сказал Питеру, что пришла пора ему учиться пользоваться своим мечом. Большинство из нас струсило бы, если бы с нами произошло нечто подобное, нам легче полагаться на кого-нибудь другого – проповедника или помазанника – считая, что только они могут сражаться за освобождение.

Возможно, вы уже получили частичную победу в своей жизни. Вот вам небольшой совет: не сидите и не ждите чего-то большего. Начните всецело искать Бога и Его Царства, и вы увидите, как ваша частичная победа обернется в полную и окончательную. Самым лучшим будет то, что в процессе вы станете воином. Новый образ мышления поможет вам в будущих начинаниях в Боге.

Владычествуй в жизни

Как и Адам, мы были сотворены Богом по Его образу и подобию. Бог благословил человека и повелел плодиться, размножаться и господствовать на земле (Бытие 1:28). Господство над грехом и сатаной – наше изначальное право. Способность владычествовать – это часть нашей природы и естества, подобно тому как естественно для птицы летать, а для рыбы плавать. Мы были созданы не для освобождения, а для господства над землей. Освобождение стало результатом падения и неспособности господствовать. Бог хотел, чтобы человек был подобен Ему. Господь правит на небесах, а власть над землей дал человеку (Псалом 113:24). Бог не дал человеку право собственности на землю, а лишь право владычествовать над нею (Псалом 23:1). По этой же причине Он позволил Адаму назвать всех животных, поскольку, давая название чему-либо, мы утверждаем свое господство над этим.

РАЗРУШАЯ ТВЕРДЫНИ

Бог дает нам власть над землей и доверяет господство над врагом. Земной рай – это не отсутствие дьявола, а господство и доминирование над ним и всякою тьмой. Там, где есть враг, должно быть установлено владычество над ним. К сожалению, Адам не убил змея в Эдемском саду, а стал прислушиваться к нему. После того как Адам согрешил, Бог не отобрал власть над землей – это сделал сатана. Согрешив, Адам передал владычество над землей дьяволу, поэтому во время искушения Иисуса в пустыне, сатана был вправе предложить Ему целый мир. (Матфея 4:9). По сути, Бог не передавал землю дьяволу, земля была отдана владычеству человека. Однако через грехопадение господство перешло в руки дьявола. Даже Иисус подтвердил это, назвав сатану "князем этого мира" (Иоанна 12:31).

Весь хаос, который творится на земле, является результатом безответственности человека и потери власти над силами тьмы и греха. Иисус пришел и отнял эту власть у дьявола, чтобы возвратить ее человеку (Луки 10:19). Согласитесь, что Бог мог увидеть, как мы всё испортили в первый раз, и больше не доверить нам господство над землей. Однако Бог верит в нас больше, чем мы в Него. Он доверил нам распространять Его Царство и прогонять царство тьмы, наступая на голову древнего змея.

Освобождение не является конечной целью Бога, но средством, с помощью которого Бог будет возвращать нас в исходную позицию власти, господства и владычества. "Ибо если преступлением одного смерть царствовала посредством одного, то тем более приемлющее обилие благодати и дар праведности будут царствовать в жизни посредством единого Иисуса Христа" (Римлянам 5:17). Божья благодать и дар праведности даны для того, чтобы царствовать в жизни, а не только обрести свободу от греха и дьявола. Способность владычествовать и управлять соответствует уровню вашего откровения о даре праведности и изобилии Его благодати в нас.

Сатана господствует над нами из-за нашего греха, хотя на самом деле, мы должны господствовать над ним благодаря праведности и благодати. Получив освобождение от греха, не останавливайтесь, а стремитесь к исполнению изначального Божьего плана – господствовать и владычествовать. Благодать дана нам не для того, чтобы выживать, а для того, чтобы процветать.

Молитва

"Господь Иисус, я благодарю Тебя за дар праведности и обилие благодати во мне, данные чтобы я преуспевал в жизни. Я принимаю Твою истину и принимаю решение ходить в победе и владычествовать. Помоги мне обновлять свой разум и принимать Твою истину о том, кем я являюсь в духовном мире. Пусть истина изменяет мое мышление и ведет меня от недостатка к изобилию, от беспорядка к чудесам, и от страха к вере. Во имя Иисуса Христа".

ГЛАВА 10

ОБНОВЛЕНИЕ РАЗУМА

У моей матери были сложные роды, когда она носила меня. Во время родов частично был повреждён зрительный нерв, поэтому первые годы жизни я довольно долгое время провёл в больнице. По Божьей милости и благодати я был полностью здоровым ребёнком. Через несколько лет, однако, стало заметно, что одно веко у меня было слабее другого, и я не мог смотреть вверх одновременно обоими глазами. Я не помню, чтобы в детстве это доставляло мне какие-либо проблемы. Зрение было отличное, поэтому я не чувствовал никакого дискомфорта.

Примерно в возрасте 10 лет, ещё до нашего переезда в Америку, украинские врачи провели первую операцию на моём глазу. Это должно было помочь мне смотреть вверх обоими глазами одновременно. Однако операция мало чем помогла и проблема никуда не исчезла. Когда я ещё жил в Украине, одноклассники дали мне кличку, связанную с моими глазами, из-за неё я начал чувствовать себя неполноценным.

Эти чувства усилились, когда наша семья переехала в США. Мне было 13 лет. Я стал более замкнутым и стеснялся находиться рядом с другими людьми. Мне было очень тяжело общаться со сверстниками. Я старался не ходить на дни рождения ни под каким предлогом. Я даже пропускал занятия в школе из-за чувства стыда, потому что не хотел стоять перед всем классом и что-то рассказывать. Мне казалось, что Бог совершил ошибку, когда сотворил меня. Я думал, что без меня мир был бы лучше.

ПУТЬ К СВОБОДЕ

Но поскольку я вырос в благочестивой семье и был воспитан строгими родителями, то никогда не думал о самоубийстве, но часто я мечтал, чтобы Бог допустил несчастный случай, в котором бы я погиб и таким образом избавился от боли и страданий.

Люди часто задавали мне один и тот же вопрос: "Что случилось с твоими глазами?" От этого я чувствовал себя ужасно. Мне казалось, что мой физический недостаток – это единственное, что они во мне видели. В обществе я чувствовал, что людям не комфортно общаться и находиться рядом со мной. Я винил людей за то, что они отвергали меня и винил Бога за то, что Он сделал меня таким.

Я много молился об исцелении своего глаза, думая, что если физическое тело изменится, то изменится и мое душевное состояние. В США мне сделали еще одну операцию, я надеялся, что это поможет и изменит внешность. К сожалению, операция ничем не помогла. Тем не менее я хочу рассказать вам о том, что поменялось.

Поменялось мое мышление. Будучи еще подростком, я изливал свою боль и душевные страдания перед Богом в молитве. Я начал проводить по 30-40 минут в день после школы в своей комнате, молясь и поклоняясь Богу, а затем читал Божье слово. Также я читал христианские книги и слушал проповеди на кассетах (в то время еще не было подкастов или "YouTube"). Каждую среду я постился и уделял время чтению Библии, иногда мне удавалось прочитать 50 глав в день.

Медленно, но уверенно Божье слово при содействии Духа Святого начинало оживать во мне. Шаг за шагом, слой за слоем убиралась всякая ложь и обман и утверждались Божьи истины. Даже мои оценки в школе улучшились, я больше не стеснялся людей и перестал бояться публичных выступлений. У людей изменилась реакция на мой внешний вид. Сегодня, когда я общаюсь или знакомлюсь с людьми, они не спрашивают меня о моих глазах. Большинству из них даже нет до этого никакого дела. Их не беспокоит мой внешний вид, потому что меня самого это больше не беспокоит. Я осознал, что обновление разума способно преобразить всю жизнь человека.

Головой вперед

Апостол Павел пишет в послании к Римлянам 12:2, что мы преобразуемся через полное обновление нашего ума. Многие считают, что если жизнь поменяется, то поменяется и мышление. На самом же деле все происходит как раз наоборот. Во время родов ребенок появляется в этот мир из утробы головой вперед. Если вы хотите выйти из стесненных обстоятельств, из застоя в служении, трудностей в бизнесе и карьере, то вам необходимо продвигаться "головой вперед".

Когда ваше мышление изменится, то изменится и вся ваша жизнь. Запомните, каковы будут ваши мысли, такой станет жизнь. Другими словами, за мышлением последует изменение качества жизни. Когда вы получаете освобождение, то ваше мышление должно измениться из рабского – в мышление сына и воина. Даже если враг вновь атакует вас как и раньше, вы будете видеть все с другой позиции и относиться к атакам совершенно иначе. Мне нравится говорить людям в нашей церкви: "Вы не больной, который пытается выздороветь, вы – здоровый человек, который противостоит болезни". "Вы не связанный, который пытается освободиться, вы – свободный человек, который разрывает все оковы". "Вы не грешник, который пытается стать святым, вы – праведник, который сражается с грехом".

Болезнь, грех и всякое бремя – это не наша сущность. Я пребываю во Христе – это моя новая сущность, и с чем бы мне ни пришлось столкнуться, я все преодолеваю благодаря своей позиции в Нем.

ПУТЬ К СВОБОДЕ

Вначале был свет, потом появилось солнце

Бог реагирует на веру, а вера неразрывно связана с вашим мышлением. Дух Святой движется в вашей жизни через обновленное мышление. Бог установил этот принцип еще в момент сотворения мира. "Земля же была безвидна и пуста, и тьма над бездною, и Дух Божий носился над водою" (Бытие 1:2). Состояние земли было темным, бесформенным и необитаемым. Возможно, именно в таком состоянии находится ваша жизнь в данный момент – пустота, неопределенность и беспросветная тьма. Но земля, как и вы, уверовавший во Христа, имела Духа Божия, который витал над водами и находился там, хотя не происходило ничего видимого. Дух Святой не мог совершить чудо сотворения, пока Бог не послал Свое слово.

Как я уже упоминал ранее, обновление разума не происходит без познания истины. Дух Святой использует истину как материал, с помощью которого Он изменяет наше мышление, и в результате наша жизнь начинает преображаться. "И сказал Бог: да будет свет. И стал свет. И увидел Бог свет, что он хорош, и отделил Бог свет от тьмы. И назвал Бог свет днем, а тьму ночью. И был вечер, и было утро: день один" (Бытие 1:3-5).

В первый же день Бог сотворил свет. Когда я был моложе, я читал Библию не очень внимательно. Поэтому у меня сложилось впечатление, что Бог создал солнце, луну и звезды в первый день, поскольку Он создал свет. Я взрослел и стал более внимательно исследовать Библию и обнаружил, что вообще-то солнце, луна и звезды были сотворены только в четвертый день (Бытие 1:14-19). Поэтому возникает вопрос: откуда в первый день взялся свет, если до четвертого дня не было ни солнца, ни луны, ни звезд?

В природе свет не может существовать без источника света – солнца. Еще с первых стихов Библии Бог продемонстрировал то, что противоречит земным законам природы: свет может быть без солнца. В Божьем мире сначала был свет, потом солнце. В физическом мире ты не зовешься отцом, пока у тебя не появятся дети, а в Божьем мире ты становишься отцом и потом у тебя появляются дети. (К примеру, Авраам получил от Бога имя, которое означало "отец многих народов", прежде чем у него появились дети.) Здесь на земле мы сражаемся, чтобы одержать победу. В духовном мире мы обретаем победу и сражаемся с позиции победы. В глазах людей человек становится праведным, если он доказывает это своими поступками. В Божьем мире мы становимся праведными и тогда совершаем дела света. Очень часто, когда что-то меняется в жизни человека, только тогда меняются его мысли и настроение, но в Божьем мире перемены сначала должны произойти в разуме, и лишь затем будут видны перемены в жизни.

Как видите, Бог мыслит совершенно иначе, чем мы. Если мы хотим сотрудничать с Богом, то должны мыслить также как и Он. Итак, если свет не приходил от солнца, то откуда? Ответ прост: "И сказал Бог: да будет свет. И стал свет" (Бытие 1:3). Бог произнес слово, которое сотворило свет прежде солнца. По Его слову произошло то, что не должно было существовать без солнца, луны и звезд. Многие из нас молятся о том, чтобы Бог дал нам "солнце". В нашем случае, солнцем может быть исцеление, прорыв в жизни или спасение близкого нам человека. Порой мы разбиты внутри, полны негативных мыслей, сомнений и страха. Мы уверены, что если бы Бог сотворил чудо, то наше душевное и эмоциональное состояние наконец-то бы изменилось.

Вы никогда не задумывались о том, что Бог хочет вначале сотворить чудо в нашем разуме через силу Своего слова? История о сотворении мира учит нас о том, что прежде чем в жизни появится "солнце", в разуме должен появиться "свет". Разум должен пропитаться чудом, хотя оно еще не произошло в видимом мире. Божье слово должно стать реальностью в духе и начать изменять внутренний мир, будто вы уже получили желаемый результат в своей жизни. Слово дано нам не для того, чтобы наполнять свой разум информацией, а для того, чтобы эти знания Духом Святым преобразились в познание и откровение. Проще говоря, слово Божье становится настолько реальным внутри, что влияет на наши мысли и чувства.

Вера – это не надеяться, а иметь

Мир изменится, если вы позволите Божьему слову изменить свой разум и душу. Люди страдают в своих обстоятельствах из-за неправильного мышления. Многие начинают больше молиться, но на самом деле, свобода от твердынь приходит только через познание Божьих истин.

У нас с женой есть мечта: мы хотим раз в год дарить кому-нибудь машину. Мы начали это делать четыре года назад и к 2018 году уже подарили разным людям шесть автомобилей. Это не потому что мы сказочно богаты. Мы верим, что это Божье желание, чтобы мы были благословением и более известны своею щедростью, чем своим богатством. Второй машиной, которую мы отдали, была Toyota Camry (Тойота Камри). Мы решили благословить молодую пару из нашей церкви, у которой должен был родиться первый ребенок. Незадолго до этого они попали в аварию и потеряли свой автомобиль. Мы знали, что они ищут машину, поэтому, недолго думая, решили подарить им свою Тойоту. Это решение было принято в субботу. В воскресенье мы пригласили их на обед и сказали, что хотим благословить их машиной. Они расплакались, для них это было чем-то нереальным. На тот момент похожая машина стоила около десяти тысяч долларов. Это был отличный подарок. Мы сказали, что отдадим им ключи от машины немного позже, так как я хотел заменить бампер, поменять масло и отремонтировать несколько мелочей, чтобы наш подарок был в отличном состоянии.

ОБНОВЛЕНИЕ РАЗУМА

Итак, они ушли из нашего дома, являясь владельцами данного автомобиля, хотя они и не уехали на нем к себе домой. У них не было ни машины, ни ключей, а лишь обещание. Это обещание давало им уверенность, что машина принадлежит им. Они перестали просматривать объявления о продаже машин и больше не беспокоились о машине, так как знали, что она у них уже есть и скоро будет стоять у них во дворе. Что же сделало их владельцами машины в тот день? Мое обещание и мое слово.

Точно так же Бог хочет, чтобы мы верили Ему и Его обетованиям. Он хочет создать внутри нас новую реальность, которая основывается на том, что Он сказал. Впоследствии Бог сделает эту реальность очевидной.

Всего через месяц во время молитвы в пятницу я передал им ключи и документы на машину. В тот день они наконец-то уехали на своей новой машине к себе домой, хотя на самом деле они стали ее владельцами месяц назад, когда я дал им обещание. Вера – это не надеяться на что-то, а иметь невидимое внутри, прежде чем оно появится снаружи. И в этом сила обновленного разума.

Вера – это документ, подтверждающий право собственности

"Вера же есть осуществление ожидаемого и уверенность в невидимом" (Евреям 11:1). Слово "осуществление", используемое в данном стихе, происходит от греческого слова "гипостазис" и означает "документ, подтверждающий право собственности". Получая право собственности на недвижимость, вы становитесь легальным владельцем, даже если вы не можете физически к этому прикоснуться. Силой Божьего слова Дух Святой творит реальность обетования внутри вас, и вы становитесь владельцем обетования.

— Сомнение смотрит лишь на факты и видимые вещи, и ничего более не видит. Надежда видит дальше, она видит потенциал в Божьем слове. А вера принимает обетование, которое становится реальным внутри через слышание Бога в вашем сердце. Обновленный разум и вера действуют вместе и разрушают умственные преграды в вашей жизни, которые не дают обрести полную свободу в Господе.

Когда Бог начинает работу внутри вас, Он производит новые мысли, чувства и взгляды. Даже если внешне ваша жизнь не меняется, не переставайте верить и держаться за Божью истину. Его истина гораздо сильнее, чем видимые факты. Видимое изменится, а истина останется вечной. Если в вашей жизни уже наступил "день первый" и пришел свет от Бога, просвещая ваш разум, то можете не сомневаться, наступит и "день четвертый", когда вы увидите чудо сотворения солнца, луны и звезд. Помните, что вы сможете преуспевать и здравствовать во всем, так же как преуспевает ваше сердце (3 Иоанна 1:2). Бог хочет, чтобы прорыв и настоящие перемены начинались изнутри и затем проявлялись в видимом мире: в вашем здоровье, финансах и отношениях с людьми.

Первый шаг к обновлению разума

Перестаньте ждать чуда извне. Большинство из этих чудес не произойдет, пока вы не наведете порядок в своем разуме, заполнив его Божьим словом. Обновление разума не происходит, если человек ищет оправдания и верит в ложь, подобную этой: "У меня очень тяжелая жизнь, поэтому я все критикую и мои мысли негативные". Вы когда-нибудь задумывались о том, что именно из-за негативного мышления ваша жизнь тяжелая? Чудеса в вашей жизни не будут происходить, если в вашем разуме кавардак.

ОБНОВЛЕНИЕ РАЗУМА

Перестаньте позволять дьяволу разгуливать в ваших мыслях, а займите свой разум изучением слова Божьего. Птицы склевали семена именно при дороге (Матфея 13:4). Ваш разум не проходной двор, поэтому не позволяйте дьяволу прохаживаться в ваших мыслях, иначе слово Божие не сможет прорасти и принести плоды, поскольку его украдут эти "птицы".

Израильтяне думали, что чудеса изменят их, но почти все пали жертвами в пустыне. Они были свидетелями огромного количества чудес, каких не видело ни одно другое поколение, но чудеса их не изменили. Фарисеи верили в ту же самую ложь: если Иисус сотворит еще больше чудес, тогда они поверят, что Он – Сын Божий. Несмотря на все сверхъестественные проявления, которые совершил Иисус, включая воскрешение из мертвых, они так и не поверили в Него.

Не поймите меня превратно – нам нужны чудеса, но чудеса сами по себе не меняют мышление, если не будет присутствовать смирение и готовность сделать Божье слово стандартом в жизни. Помните, что солнце может как растопить лед, так и сделать твердой глину. Чудеса действуют на человека точно так же: они помогают укрепиться в вере тем, кто жаждет Божьего слова, но чудес всегда недостаточно тем, кто противится господству Божьего слова. Если вы перестанете оправдывать свое негативное мышление, то дадите возможность Богу действовать в вашей жизни могущественным образом.

Второй шаг к обновлению разума

Перестаньте верить в то, что вы не можете контролировать свои мысли. Вторая ложь, которую часто принимают люди и в которой нужно покаяться: "Я не могу контролировать свои мысли, они контролируют меня". Это неубедительное оправдание, к тому же не библейское. Библия повелевает нам: "…о том помышляйте" (Филиппийцам 4:8), "размышляй о нем день и ночь" (Иисус Навин 1:8), а также "о законе Его размышляет он день и ночь" (Псалом 1:2).

Эти места Писания говорят о том, что Бог ожидает от нас, чтобы мы следили за своими мыслями и не позволяли никому ничего нам навязывать. Как это сделать практически? Во-первых, признать, что враг атакует ваше мышление. Ваш разум не поляна, а поле боя. Когда христианин соединяется своим духом с Духом Божьим, то его дух укрепляется и становится сильнее.

Разум будет служить либо вашему духу, либо вашей плоти. Когда дух слаб, то мысли, как на побегушках, исполняют побуждения плоти, становясь более негативными. Но когда мы постоянно созидаем свой дух через общение с Духом Святым, то разум находится под влиянием Божьего слова и Святого Духа. Это ваш выбор и ваше решение: мыслить о Божьем или позволить мышлению плыть по течению жизни.

У каждой страны есть свой пограничный патруль, который принимает решение впускать или не впускать кого-либо в страну. Таким образом обеспечивается безопасность и защита всего государства. Вы должны иметь пограничный контроль в своем разуме и не пропускать угрожающие мысли, сомнения, страхи и негатив, чтобы они не проникали и не селились в вашем разуме. Ведь они будут только разрушать вашу жизнь.

Третий шаг к обновлению разума

То, чем вы питаете свой разум, со временем становится вашим образом мышления. Мышление невозможно изменить, не изменив то, чем наполнен разум. Обычно, когда человек слышит истину о разрушении твердынь и обновлении разума, то сразу пытается изменить свое мышление. Но вскоре понимает, что это не так просто.

ОБНОВЛЕНИЕ РАЗУМА

И хотя образ мышления – это то, что подсознательно контролирует нас, мы все-таки можем держать под контролем свой разум. Чтобы изменить образ мышления, нужно заполнять сознание информацией Божьих истин. А когда оно будет переполнено, то эти знания станут поступать и наполнять подсознание.

Наше поведение на 95% автоматическое. Очень часто мы ставим цели, но не достигаем их, потому что постановка целей – задача сознания, а достижение целей – уже миссия подсознания. Причем подсознание занимает большую часть нашего мозга. Здесь логика не срабатывает, потому что подсознание верит лишь тому, что уже неоднократно прозвучало и продолжает звучать в нашем сознании.

Это еще одна причина, почему очень важно питать свой разум информацией Божьего слова. Дух Святой начинает преображать полученные знания в откровение, и вскоре это становится новым образом мышления. Всякий раз, когда вы позволяете Духу Святому превратить знание Божьего слова в откровение, то будьте уверены, что Он превратит откровение слова в проявление слова, которое принесет явные результаты в вашу жизнь.

Прежде чем придут изменения в видимых обстоятельствах, нужно позволить Духу Святому принести откровение в ваш дух.

И наконец, прежде чем получить откровение от Духа Божьего, нужно как можно больше наполнить свой разум Божьим словом. Читайте Библию, размышляйте над прочитанным, запоминайте места Писания, слушайте подкасты и читайте христианские книги. Заполните свой разум истиной, тогда Дух Святой оживит ее внутри вас.

ПУТЬ К СВОБОДЕ

Четвертый шаг к обновлению разума

Провозглашайте то, во что вы верите. Мы получаем то, что провозглашаем. Исповедуя Иисуса Господом, мы получаем спасение. И провозглашение своими устами Божьих обетований принесет свои плоды. Если вы постоянно говорите только то, что видите и чувствуете, вы разрушаете свою же веру и даете место негативным мыслям в вашем разуме.

Когда Бог увидел землю во мраке, пустую и бесформенную, Он не говорил то, что видел. Вместо этого, Он использовал силу Своих слов, чтобы все изменить. Не позволяйте своим устам быть градусником, который измеряет температуру и сообщает данные. Но пусть ваши уста будут подобны термостату, прибору, который выставляет нужную температуру за счет терморегуляторов Божьего слова – начните исповедовать то, что говорит Бог.

Господь повелел Иисусу Навину: "Да не отходит сия книга закона от уст твоих" (Ис. Навин 1:8). Иисус Навин должен был не только читать книгу закона, но также исповедовать ее своими устами слова. Иисус делал то же самое в пустыне во время искушения от дьявола. Скорее всего, дьявол искушал Иисуса так же, как он искушает каждого из нас – через мысли. Иисус провозглашал Писание вслух, чтобы победить дьявола, а не только в мыслях цитировал отрывки Писания.

Когда плохие мысли атакуют ваш разум, есть огромная сила в том, чтобы провозглашать устами слова веры, соответствующие Божьему слову. Как говорится в книге Иоиля 3:10: "Слабый пусть говорит: я силен". Не говорите всегда то, что вы чувствуете и видите физически, иначе ваш ум не поменяется. Вместо этого, учитесь провозглашать Божье слово.

ОБНОВЛЕНИЕ РАЗУМА

Пятый шаг к обновлению разума

Не допускайте никаких негативных мыслей, только позитивные. Положительные мысли не задерживаются в разуме надолго, поэтому им нужно оказывать содействие. А вот негативные мысли застрянут до тех пор, пока их не выгонишь.

Первая притча, которую рассказал Иисус, была о семени, почве и сеятеле. В ней показано, что всё плохое нужно вырывать из земли как сорняки, и сеять хорошие семена (Матфея 13 глава). Хорошие семена нужно культивировать и подпитывать, чтобы они прорастали. А вот плохие семена не нуждаются ни в какой поддержке при взращивании: все растет само по себе. Хорошие, к сожалению, так не растут. То же самое касается и наших мыслей: хорошие мысли долго не задерживаются, а плохие не хотят уходить.

Мы должны дать место Божьему слову в наших сердцах и помочь ему прорасти; а мысли, которые приходят от врага, связывать и пленять в послушание Христу (2-е Коринфянам 10:5).

Библия сравнивает разум с гаванью, в которую входят корабли. Невозможно помешать пиратским кораблям бороздить океан, но можно не впускать их в гавань своего разума и не позволять им становиться на причал (Иеремия 4:14; Второзаконие 15:9).

Также, вы не можете запретить птицам летать над своей головой, но вы можете не позволить им свить гнездо в ваших волосах. Плохие мысли будут посещать, но они не смогут остаться, если мы будем прогонять их истиной слова Божьего.

ПУТЬ К СВОБОДЕ

Шестой шаг к обновлению разума

Празднуйте прогресс и наслаждайтесь процессом. Для изменения мышления понадобится время. Я считаю, что есть объяснение тому, что Бог творил наш мир в течение шести дней, а не сделал все в один день. Он оставил пример и показал, как правильно проходить процесс роста и перемен.

Каждый день творения происходило что-то новое и великое, и Бог отмечал прогресс. Он не жаловался на то, сколько всего еще предстоит сделать. На третий день, когда впереди было так много работы, увидел Бог, что все это хорошо. Он не концентрировался на незавершенной части, но наслаждался и благословлял то, что уже было завершено.

Празднуйте даже маленькие победы и смотрите на то, что Бог делает, а не на то, что Он не делает. Кстати, важно заметить, что Бог не сравнивал рабочую обстановку творения с красотой небес, где Сам обитал. Дьявол попытается вмешаться и запутать процесс обновления мышления, заставив вас сравнивать себя с другими людьми.

Каждый из нас проходит свой день творения. Устремляйте свой взгляд на Творца, и не сравнивайте себя с другими. Сравнение убивает наслаждение процессом. От нас требуется бежать свою дистанцию, взирая на Иисуса, а не на тех, кто бежит рядом, и не сравнивать свою судьбу с судьбой других людей. Величайшая радость в жизни – знать то, кем ты являешься и кем ты не являешься. Успокойтесь и чувствуйте себя хорошо "в своей собственной шкуре", радуясь тому пути, по которому ведет вас Господь, даже если вам кажется, что вы сильно отстаете от других.

Вы идеальные в Боге. Не нужно сравнивать себя. Сравнение приведет к недовольству и ропоту. А ропот приводит к нарушению десятой заповеди – не пожелай чужого или не завидуй. Зависть убивает созидательный процесс обновления вашего ума.

Если у соседа во дворе трава зеленее, то начните поливать свой собственный газон. Будьте лучшей версией самого себя. И помните, то, что Бог начал в вас, Он завершит, потому что Он верен (Филиппийцам 1:6). Он еще не закончил Свою работу в вас.

Седьмой шаг к обновлению разума

Ожидайте чудес. Ожидание чего-то хорошего – это личное решение и шаг веры. Человек с обновленным мышлением имеет позитивные ожидания будущего. Не позволяйте воображению создавать сцены поражения, такие как ухудшение болезни, разлад отношений, неустройство в бизнесе и так далее. Вытесните всякие негативные представления провозглашая слово Божье.

Я слышал одну забавную историю о молодой супружеской паре: молодая жена постоянно боялась, что ночью в дом проберётся вор и ограбит их. Она каждый раз просила мужа пойти и проверить каждую комнату в доме. Он проверял дом и никого не находил. Это продолжалось несколько недель подряд, и ему изрядно надоело вставать каждую ночь и проверять дом, ведь все было тихо и безопасно. Но из любви к своей жене он все равно вставал и проверял. Однажды ночью, во время очередной проверки, он обнаружил вора. Грабитель приказал ему не шуметь и потребовал деньги и драгоценности. Мужчина отдал ему все, что имел и попросил не уходить сразу, а познакомиться с супругой, которая все время ожидала его и знала, что он когда-нибудь придет.

Ожидания – это теплица, в которой рождаются чудеса. Некоторые люди просыпаются утром уже с мыслями, что день принесет что-нибудь плохое. Если у вас бывают подобные моменты, то знайте, что такие ожидания не от Бога. Вернитесь в кровать и не вставайте, пока к вам не придут хорошие мысли, наполненные тем, что Бог благ и приготовил доброе для вашей жизни.

Если вас продолжают посещать плохие мысли о том, что произойдет что-то плохое и вы принимаете это, то оно может случиться лишь потому, что вы подключаете свою веру, призывая беду в свою жизнь. Я сознательно выбираю доверять Богу и ожидать Его благость и милость, а не плохие случаи, штрафы или еще чего похуже.

Может ли это означать, что у нас не будет трудных дней? Нет! Но мы и не будем жить ожидая, когда они придут.

Молитва

"Драгоценный Дух Святой, наполни мою жизнь Своим присутствием, как Ты наполнил землю в начале творения. Даже если в жизни тьма, хаос и пустота, я принимаю Твое слово как высшую власть в моей жизни. Я прошу, чтобы Ты обратил знание Писаний в откровение в моем сердце. Пусть вся моя жизнь поднимется на уровень Твоей истины".

ГЛАВА 11

ПРЕБЫВАЙТЕ В ОГНЕ

Эта история произошла еще в те времена, когда люди ездили на лошадях и каретах. Один богатый человек хотел нанять извозчика для своей семьи. Мужчина решил проверить навыки трех кандидатов на эту должность, поэтому привез их к крутому утесу и велел прогнать пустую карету по краю обрыва.

Первый извозчик прогнал карету очень близко к обрыву, так что все были впечатлены его мастерством. Второй проехал еще ближе к обрыву, да так, что одно колесо свисало с обрыва, когда он вел экипаж. Присутствующие решили, что никому не удастся проехать лучше. Третий извозчик прогнал карету как можно дальше от обрыва, объясняя, что постарается держать экипаж и семью господина подальше от опасности. На работу взяли именно его.

В христианстве существуют два типа верующих людей: одни ходят близко к обрыву, а другие как можно дальше от обрыва. Современная молодежь часто задает мне вопросы, касающиеся сексуального греха: "Слишком далеко, это как?" или "Где проходит грань дозволенного?" Подобные вопросы лишь показывают, что человек не заинтересован держаться ближе к Богу, а просто хочет знать, насколько далеко можно отойти от Бога и приблизиться к аду, но так, чтобы при этом в него не попасть!

Я всегда отвечаю, что это не тот вопрос, который они должны задавать. Допустим, я знаю, что в Библии написано, что прелюбодеяние – это грех. Это обрыв, от которого нужно держаться подальше. А что если я приду к своей жене и спрошу: "Ты не против, если я начну общаться с другой женщиной? Ты же не будешь против, если я похожу под руку с другой? Можно поцеловать ее перед сном? Не против, если я проведу ночь вместе с той женщиной, не занимаясь при этом сексом?" Как вы думаете, как отреагирует моя супруга? Неужели она ответила бы: "Да, можешь делать все, что хочешь, только не переходи за грани прелюбодеяния".

Все будет наоборот: моя жена придет в ярость даже из-за подобных вопросов. Вообще-то, моя цель и вопросы должны быть о том, как мне сблизиться с ней, а не на том, как далеко я могу зайти и не сорваться в обрыв прелюбодеяния, чтобы не закончить разводом. Бог хочет, чтобы нас интересовало приближение к Нему, а не к компромиссу обрыва.

Избегайте обрыва

Немудрые решения один за другим приведут человека к плохим поступкам и неверному выбору. Порой мы оправдываем свои неразумные действия, нам они не кажутся плохими. Но чтобы не оказаться в яме греха, необходимо свернуть с дорожки немудрых решений.

Помните, что немудрые решения сами по себе не являются греховными. Однако из-за них мы можем приблизиться ко греху так, что потом бывает уже слишком поздно. Давид совершил грех прелюбодеяния, который за собой повлек еще один грех – убийство. Прелюбодеяние не случилось вдруг. Оно стало результатом немудрых и опрометчивых решений, одного за другим. Давид пересек черту дозволенного и сорвался еще до того, как совершил прелюбодеяние.

Писание повествует, что, когда пришло время всем царям выходить на войну, то Давид, будучи помазанным на то, чтобы вести войны Израиля, решил остаться дома. Было ли грехом то, что Давид не пошел на войну? Я так не думаю! Это не было грехом, но и не было разумным решением, когда его армия была на полях сражения. И так одно неразумное решение вскоре привело к другому. Давид остался дома и: "Однажды под вечер Давид, встав с постели, прогуливался на кровле царского дома и увидел с кровли купающуюся женщину; а та женщина была очень красива" (2-я Царств 11:2). Попробуйте представить следующую ситуацию: Давид остался дома, он спал весь день и только к вечеру встал с кровати. Да, он был царем, и мог делать, что хотел, но спать весь день – это неразумно. В этом нет ничего плохого, но для царя такое решение являлось немудрым.

Одно неразумное решение привело к последующим опрометчивым шагам. Потом он увидел купающуюся женщину. В то время было вполне естественно купаться на улице, поэтому ничего необычного или плохого в этом не было. Но он совершил ошибку, когда решил продолжить любоваться ее красотой, а затем пригласил ее в свой дом. После этого Давид оказался в трясине лжи, обмана и поражения, и это ему дорого обошлось. Если вы не хотите снова упасть в свои прошлые грехи, то избегайте любых неразумных решений.

Неразумные девы

Помните притчу о десяти девах? Половина из них были мудрыми, а вторая половина – неразумными (Матфея 25). Пять неразумных дев не потеряли свою девственность. Они не сделали ничего плохого, а только поступили неразумно. Это послужило причиной огромного разочарования, поскольку они пропустили встречу, которая решала их судьбу. То, что вы не "потеряли девственность", еще не означает то, что вы сможете полностью раскрыть свой потенциал и исполнить свое предназначение в жизни.

Бог хочет, чтобы мы поступали с мудростью и держались подальше от всего, что ведет ко греху. Это будет возможно, если хранить максимальное расстояние между собой и теми решениями, которые, по сути, не греховны, однако могут привести к компромиссу и греху. Человек, который построил свой дом на песке, не был плохим, но Иисус назвал его немудрым. Когда ваш моральный компас ориентируется исключительно на то, чтобы избежать плохого, то рано или поздно вы все равно попадетесь. Мудрый построил свой дом на камне. Если вы хотите, чтобы ваша порядочность и свобода выдержали бури и искушения, примите решение избегать не только плохого, но и всего неразумного.

Заигрывание приведет к падению

Иосиф изо дня в день подвергался искушениям в доме Потифара. Он не заигрывал с женой того человека и не проводил с ней время. Он был одиноким парнем, у которого была тяжелая юность. Его родная семья на тот момент имела подтверждение его смерти, для них он умер. Иосиф стал рабом, и все мечты, казалось, разбились об суровую реальность. Это могло стать предлогом того, чтобы флиртовать с грехом. У Иосифа не было ни пастора, ни церкви, ни Библии, которые могли бы направить его на верный путь. Однако он справился с искушением гораздо лучше, чем многие из нас сегодня. Его принцип был прост: если не хочешь впасть в грех, не заигрывай с ним.

Не флиртовать, а бежать! Каждый, кто впадает в грех, сначала заигрывает с ним. Мы оправдываемся, говоря, что заигрывание – это еще не грех. Возможно, но тот, кто в грех впадает, сначала с ним играет! Некоторые люди используют Божью благодать как предлог, чтобы флиртовать с грехом. Благодать дана, чтобы мы имели силу убегать греха, а не идти с ним на компромисс.

"Ибо явилась благодать Божия, спасительная для всех человеков, научающая нас, чтобы мы, отвергнув нечестие и мирские похоти, целомудренно, праведно и благочестиво жили в нынешнем веке…" (Титу 2:11-12). Благодать дана не только для спасения; это еще мудрый наставник, который учит отвергать нечестие, мирские похоти, живя праведно в этом мире.

"К свободе призваны вы, братия, только бы свобода ваша не была поводом к угождению плоти, но любовью служите друг другу" (Галатам 5:13). Давайте не будем использовать свою свободу как предлог, чтобы заигрывать с теми вещами, которые могут вернуть обратно в рабство, причем это может произойти быстрее, чем вы можем это представить.

Препоясанные чресла и горящие светильники

Когда мы держимся подальше от "обрыва" и избегаем всего неразумного, мы не только предотвращаем падение, но также воспламеняем свою страсть по Богу.

"Да будут чресла ваши препоясаны и светильники горящи" (Луки 13:35). Это призыв Иисуса для нас, живущих в последние дни. Быть препоясанным, значит подтянуть и усилить свои принципы и убеждения. Если ваши поступки приводят ко греху, вам не избежать падения: ваши принципы расшатаны так, что вскоре "упадут штаны", то есть свобода будет утрачена снова. Твердые принципы помогут сохранять свободу. Когда мы забываем про свои убеждения, то начинаем идти на компромисс и теряем то, что получили от Господа.

Препоясанные чресла не только держат всю одежду на месте, но и помогают поддерживать огонь в наших светильниках. Когда вы перестаете убегать от греха, вы также перестаете искать Бога. Препоясанные чресла и горящие светильники подразумевают чистоту и страсть по Богу. Эти элементы связаны друг с другом.

Мы нуждаемся и в чистоте, и в огне, чтобы нормально функционировать и расти духовно. Поэтому наша твердая позиция поможет сохранить чистоту и свободу, а свобода позволит искать Бога, ни на что не отвлекаясь.

Стряхните змею в огонь

Когда мы поступаем с мудростью, наши принципы ограждают нас от согрешения, но не от искушений и атак. "Когда же Павел набрал множество хвороста и клал на огонь, тогда ехидна, выйдя от жара, повисла на руке его… Но он, стряхнув змею в огонь, не потерпел никакого вреда" (Деяния 28:3,5). Заметьте, апостол Павел был праведником, следовал за Богом, имел близость с Духом Святым, не заигрывал с грехом. Тем не менее Павел перенес и шторм, и кораблекрушение, после чего он еще и пережил атаку змеи. И хотя Бог даровал ему благодать во время бури и кораблекрушения, но вот со змеей произошло нечто интересное.

Шел дождь, а Павел собирал хворост, чтобы развести побольше огонь. Здесь сокрыт урок для нас: пусть ни шторм, ни кораблекрушение не остановят вас и не сделают пассивными. Несмотря ни на что пусть продолжает гореть огонь в вашей душе для Господа. Не позволяйте прошлым потрясениям сделать вас теплыми к Богу. Не живите лишь воспоминаниями о былых днях, Бог хочет, чтобы вы сегодня горели, ведь Он "Всемогущий Я Есмь", а не "Всемогущий Я Был". Если вы помните то время, когда любили Иисуса больше, чем сейчас, то вы охладели. Пришла пора снова разжечь этот огонь. Все, что вы пережили и то, как с вами поступили – это не причина, чтобы замерзать от холода. Ваши враги могли повлиять на прошлое, но не позволяйте им убивать вашу страсть по Богу в настоящее время.

Скажу честно: разжечь огонь во время дождя не так-то просто. И хранить огонь в сердце нелегко после множества пережитых потрясений. Чтобы собрать хворост, требуются усилия. Начните ежедневно прилагать усилия и дисциплинировать себя в чтении Божьего слова, молитве, регулярных постах, прослушивании проповедей. Сократите просмотр телевизора и начните смотреть свидетельства того, что делает Бог. Не сидите долго в социальных сетях, а идите в общение с верующими. Не спорьте с людьми, а рассказывайте им о своей вере. Поступая так, вы сами удивитесь, что быстро наберется хворост и разгорится огонь, вначале маленький, зато ваш собственный и настоящий.

Когда в вашей жизни будет гореть огонь, даже несмотря на пережитый шторм и кораблекрушение, все будет живо и чудесно. Но в довершение всего огонь обнаружил скрывавшуюся ехидну. Змея выползла и не просто атаковала Павла, она обкрутила его руку и повисла, намереваясь его ужалить. Просто невероятно, как часто происходит подобное: как только вы начинаете открыто жить по вере, ходить в свободе и гореть для Господа... Бум! Откуда ни возьмись что-то происходит: змея больно кусает и не отпускает.

Появление ехидны, к тому же, сопровождалось людскими мнениями. Когда змея ужалила Павла, пошли толки: "Это убийца", – сказали одни. "Его наказывает Бог", – говорили другие. "Он избежал бурю и кораблекрушение, но судьба все равно настигла его ", – говорил еще кто-то.

Когда вы переживаете атаки, даже если вы упали в тот же самый грех, от которого освободились – не слушайте ложь сатаны. Его ложь намного опасней, чем то, что вы споткнулись и упали в грех. Обратите внимание, что Павел не стал доказывать ничего окружающим, а просто стряхнул змею в огонь, который сильнее разгорелся. Змея погибла и Павел не потерпел вреда. Тогда все вокруг стали говорить, что он бог. Люди быстро могут менять свое мнение. Недавно они называли его убийцей, а теперь – богом. Ни то, ни другое не являлось истиной. Доверяйте

Божьему слову больше, чем мнению людей. И еще хочу добавить: пусть слово Божье звучит громче, чем любые другие голоса в вашей жизни.

Когда враг атакует вас, научитесь стряхивать с себя мнения других, ложь и стыд. Дьявол хочет уничтожить ваш огонь. Не задумываясь стряхните все соблазны и искушения прямо в огонь, и они пропадут. Не переставайте гореть для Бога и делать то, что вы делали до атаки, ведь именно этого дьявол так боится.

Бывает, что люди умирают от укусов духовных змей, а все по причине слабого огня в их жизни. Они могли бы скинуть этих гадюк в свой огонь. Вы не сможете сбрасывать свои проблемы в мой костер или в костер вашего пастора – вам нужно разжигать свой собственный. Пусть ваше сердце будет похоже на горящий камин, а не на корзину для мусора, куда бросают все подряд. Вы – храм Святого Духа, а не гроб с костями. Вы призваны быть голосом своего поколения, а не эхом.

После смерти змеи на острове началось пробуждение. Дьявол хотел уничтожить апостола Павла и предотвратить пробуждение, но пробуждение разгорелось, когда Павел избавился от змеи. После каждого демона, с которым вы справляетесь, открывается новый уровень в вашей личной жизни. То, что дьявол хотел использовать во зло, Бог обратит в добро и использует для вашего блага.

Молитва

"Господь Иисус, пошли мне Свою благодать отвернуться от греха и всего, что может привести ко греху. Помоги мне гореть для Тебя и жаждать Тебя больше. Дух Святой, произведи внутри меня желание следовать за Иисусом, окружи меня людьми, которые помогут мне бежать, как состязающемуся в беге".

ГЛАВА 12

ПРОДОЛЖАЙТЕ РАСТИ

Когда я был маленьким и жил в Украине, у нас был большой огород. Мы выращивали фрукты и овощи. Также наша семья держала корову, свиней и кур. Я с детства научился работать в поле, умел доить корову и заботиться о домашних животных.

С малых лет я был очень наблюдательным, поэтому понимал, как устроена природа и животный мир. Особенно мне нравилось наблюдать за тем, как вылупляются цыплята. Курица откладывала яйца и помещала их в безопасном месте. Она все время сидела на них. Позже я узнал, что инкубационный период занимает примерно 21 день. Когда наседка высиживала яйца, внутри каждого из них росли и развивались маленькие цыплята.

Прямо перед тем, как цыплята должны были вылупиться, я рассматривал каждое яйцо и видел темные участки на скорлупе, это означало, что цыпленок вскоре вылупится из яйца. Меня очень удивляло то, что наседка не разбивала скорлупу, чтобы помочь цыплятам выбраться. Она просто продолжала их высиживать и согревать теплом своего тела, а они росли и развивались внутри яйца, пока им не становилось тесно, и они не выбирались на свет.

Иисус сравнивал Себя с заботливой наседкой, говоря об Иерусалиме. "...Сколько раз хотел Я собрать детей твоих, как птица собирает птенцов своих под крылья, и вы не захотели!" (Матфея 23:37). Интересно, что определенная свобода приходит во время процесса возрастания в Боге. Он хочет взрастить нас, окружая Своей любовью, чтобы мы могли в итоге вылупиться из яйца. Свобода не всегда приходит вследствие одной молитвы. Иногда она приходит тогда, когда человек продолжает духовно расти в Боге. Мне нравится напоминать в нашей церкви о том, что одни получают освобождение во время молитвенной очереди, а другие – во время своей молитвенной жизни. Некоторые вещи можно достичь только путем духовного роста.

Свобода в результате духовного роста

"В любви нет страха, но совершенная любовь изгоняет страх..." (1-е Иоанна 4:18). Слово "совершенная", используемое в этом стихе, переводится как "развитая" или "пришедшая в зрелый возраст". Есть вещи в нашей жизни, которые вытесняются по мере возрастания в Божьей любви. Любовь и страх не могут совмещаться, но только если любовь возросла достаточно. По мере духовного роста некоторые вещи сами уходят и исчезают. Цыпленок продолжает расти в скорлупе до тех пор, пока не перерастет скорлупу и не разобьет ее изнутри. Какая бы скорлупа ни окружала вас в данный момент, будь то скорлупа страха или чего-либо другого, она будет разрушена, если вы будете продолжать расти в Божьей любви и пребывать в Его слове.

Порой нам хочется, чтобы Бог Сам разбил скорлупу, которая ограничивает нас, но нужно продолжать возрастать в Нем. По мере роста, цепи сами станут рваться и падать. Мы просто их перерастем. К сожалению, многие верующие слишком рано сдаются. Они проходят молитвенную очередь или консультацию по освобождению, ничего не чувствуют и разочаровываются в Боге. Будьте как маленькие цыплята: оставайтесь в тепле под покровом мамы-курицы и не высовывайтесь из гнезда, тогда вы увидите, что все, что ограничивает вас сегодня, вскоре само треснет и сломается.

"Не выгоню их от лица твоего в один год, чтобы земля не сделалась пуста и не умножились против тебя звери полевые: мало-помалу буду прогонять их от тебя, доколе ты не размножишься и не возьмешь во владение земли сей" (Исход 23:29-30). Израильский народ не сразу занял всю обетованную землю. Бог прогонял врагов постепенно, пока израильтяне не размножились и не смогли в полной мере наследовать землю. Господь хочет, чтобы вы росли в Нем, от этого зависит раскроется ли полностью ваш потенциал и обретете ли вы полную свободу.

Разорвите оковы

Писание сравнивает праведника с пальмой (Псалом 91:13-16). Пальма – символ красоты, она всегда зеленая и очень устойчивая к огню. Праведники не вкусят огонь, горящий в озере огненном. Они будут всегда пребывать в радости Господней, поскольку глубоко укоренились в Боге.

Пальмы, как правило, растут в тропиках. Они не боятся засухи, потому что имеют глубокие корни. Мы с вами во многом похожи на них. Не внешнее окружение влияет на то, будем ли мы процветать, но наши отношения с Богом.

Пальмы способны переносить сильные потрясения, поскольку их стойкость и жизнь находятся в сердцевине ствола, а не во внешней коре. Христиане подобны пальмам, поскольку черпают силы изнутри, а не из внешних факторов. Наша сила в Господе, а не в чувствах и не в том, как люди относятся к нам.

Пальмы имеют способность сгибаться во время бури, поэтому не ломаются. Жизненных бурь невозможно избежать. Они приходят и к мудрым, и к неразумным. Мы не должны бояться штормов, если знаем, как склонять колени, смиряться и полагаться на Бога. Если вы научитесь преклоняться во время бури, как это делают пальмы, вы не сломаетесь. Буря пройдет, а вы снова выпрямитесь и будете стоять.

Можно провести еще много параллелей между пальмой и праведником. Но вот что мне хочется подчеркнуть: почти у любой пальмы на стволе есть своеобразные кольца, которые не позволяют стволу разветвляться и разрастаться вширь. Когда пальма еще молодая, на нее накидывают веревки и стягивают ствол, что способствует ее росту вверх. Если сделать то же самое с большинством деревьев, то тиски начнут врастать в ствол по мере роста самого дерева. Пальмы ведут себя совсем иначе. Когда они вырастают, тиски и веревки, которыми их обмотали в молодости, не врастают в ствол, а разрываются под давлением роста. Представьте себе, какой мощью обладает ствол пальмового дерева.

Этим христиане очень похожи на пальму. Возможно, что дьявол связал вас цепями, когда вы были слабы и молоды. Вы пытались молиться, поститься и делать все, чтобы разорвать тиски, сковавшие вашу жизнь, но так ничего и не поменялось. Враг будет стараться изо всех сил убедить вас в том, что это ваша сущность, что нужно смириться с фактами и принять все как есть.

Я помню, как впервые столкнулся с человеком, одержимым духом гомосексуализма, когда еще был молодежным пастором. Он пришел к нам на молодежное служение. Этот парень открыто пропагандировал гомосексуализм. На тот момент он сожительствовал со своим парнем. В тот вечер я проповедовал о женщине, страдавшей кровотечением, и о том, как Иисус обратился к ней. Суть моей проповеди заключалась в том, что ваше состояние – не ваша сущность. Вы не сможете освободиться, пока не перестанете ассоциировать себя со своим состоянием.

ПРОДОЛЖАЙТЕ РАСТИ

Он подошел ко мне после служения и попросил, чтобы я встретился с ним и пообщался лично. Когда мы сидели и разговаривали, он признался, что уже давным-давно смирился со своим гомосексуализмом и принял это как часть своей индивидуальности. Я спросил его: "Почему?" Ведь он вырос в церкви и знал, что Бог не сотворил его таким. Он ответил: "Я так долго пытался освободиться от этого состояния: молился, постился, исповедовался, но влечение к людям моего пола никуда не исчезло, поэтому я сдался". В тот вечер он осознал, что поверил в ложь сатаны. Из-за того что он был уставшим и изнурённым постоянной борьбой, он сдался и поверил в обман.

Запомните, вам не удастся разорвать хомут, если вы позволите ему врасти внутрь и стать частью вас. Ваше нынешнее состояние или проблема – это еще не ваша особенность. Мы во Христе – это наша истинная сущность, мы отождествляемся с Ним. Наша сущность во Христе, а не в недостатках. Выбросите ложь дьявола из своей головы. Ведь он пытается из последних сил сделать так, чтобы тиски вросли в ваше сознание и вы навсегда остались такими как сейчас. Не верьте его лжи. Вы растете как пальма, поэтому не позволяйте тискам врастать внутрь, и тогда они будут рваться одни за другими. Это будет процесс, в котором вы окрепнете и станете сильнее. Новая сила, которую Бог поможет вам обрести, еще пригодится для будущих побед. Сегодня, сражаясь со львом и медведем, вы готовитесь к следующей великой победе над вашим Голиафом.

Помазание разрушает всякое ярмо. Оковы не должны становиться частью вашей личности. Они разорвутся, если вы не будете позволять им врастать в вашу сущность и продолжите расти в Боге. Определенная свобода приходит лишь по мере роста. Когда вы будете расти и становиться сильнее, то что связывает вас сейчас, порвется само собою! Свобода от страха и других проблем – это не единственное, что произойдет в процессе роста. Любые тревоги также уйдут из вашей жизни.

ПУТЬ К СВОБОДЕ

Покой через познание

"Придите ко Мне, все труждающиеся и обремененные, и Я успокою вас; возьмите иго Мое на себя и научитесь от Меня, ибо Я кроток и смирен сердцем, и найдете покой душам вашим…" (Матфея 11:28-29). Иисус дает покой тем, кто приходит к Нему: покой от бремени и от попыток заработать спасение. Покой – это удивительное благословение, которое дается нам. Однако Господь повелевает нам взять на себя Его бремя и научиться от Него, чтобы найти покой душам нашим. Покой, который приходит, когда мы принимаем Иисуса, отличается от покоя, который приходит, когда мы возрастаем в Иисусе и учимся от Него.

Если вы еще не получили полную свободу от депрессии, тяжести и переживаний даже после молитв, это потому, что Господь хочет, чтобы вы возрастали в Нем. Именно духовный рост приведет вас к покою. Не всё приходит сразу. В момент рождения свыше вы не получаете сразу все то, что Бог приготовил для вас. Пожалуйста, поймите меня правильно – все это сразу становится доступно, но определенные вещи придут лишь по мере духовной зрелости. Есть свобода, которую дает Иисус, но есть свобода, которую мы получаем по мере возрастания в Нем.

К примеру, если бы родители купили вам машину, когда вам было 10 лет, то по закону вы бы не смогли ее водить, пока вам не исполнилось бы 16. Поэтому, чтобы получить то, что принадлежит вам, сначала нужно вырасти. Я верю, что Бог распределяет наши благословения в соответствии с ростом, чтобы мы возрастали в Нем, а не просто пришли, взяли и ушли.

Иисус говорит всем, кто хочет расти в Нем: "Возьмите на себя Мое иго", – это свидетельствует о завете с Ним. У вас одно иго с Царем Иисусом. Вы находитесь с Ним во взаимоотношениях, которые представляют собой завет, подобный брачному завету. Когда я женился, моя жена взяла мою фамилию. Все, что у меня было, стало принадлежать ей, и все, что она имела, также стало моим. Вот такие у нас отношения с Иисусом. Когда мы получаем спасение, мы связаны игом в завете с Ним. Наши сражения становятся Его сражениями, Его мир становится нашим. Он принимает наше и дает Свое.

Чтобы возрастать, мы должны учиться у Него. Иисус показывает, что ученичество имеет огромную силу. Расти – значит учиться, а учиться – значит расти. Мы можем чему-то научиться в школе, изучать книги, слушать учителей и пасторов, но в данном случае Иисус говорит, чтобы мы изучали Его. Именно познание Бога принесет истинную свободу. О том же говорится от Иоанна 8:32: "И познаете истину, и истина сделает вас свободными".

Далее Иисус объясняет, что Он является истиной (Иоанна 14:6). Познавая Его, мы войдем в покой, найдем свободу и избавление; мы обретем все, что нам нужно в Нем. Пусть вас не огорчает тот факт, что вы не получили всего сразу, придя к Иисусу. Возрастайте в Нем, и вы будете удивлены тому, что обретете в процессе роста.

Они исцелились, идя по дороге

Однажды, входя в одно селение, Иисус встретил десять прокаженных. Конечно же, они просили исцелить их. Он не помолился за них, не возложил рук, не произнёс слово исцеления, вместо этого, Иисус сказал им пойти и показаться священнику. "…И когда они шли, очистились" (Луки 17:14). Бог исцелил их не тогда, когда за них кто-то помолился, а когда они послушались Его слов. Послушание Богу может принести исцеление для души и тела. Иисус исцеляет не только тогда, когда мы молимся, но и когда мы послушны.

Это напоминает мне поход к доктору. Иногда доктор сразу делает операцию, после чего человек уходит здоровым. Но в большинстве случаев для выздоровления человеку прописывают лекарства, которые нужно принимать ежедневно. Следуя рекомендациям врача, мы способствуем восстановлению своего здоровья. Иисус – наш врач (Марка 2:17); Он врачует и прикосновением, и словом. Если Иисус не исцелил вас, когда вы помолились, возможно, пришло время принимать лекарство Его слова. "Он послал слово Свое и исцелил их, и избавил их от могил их" (Псалом 106:20). Господь исцеляет и освобождает с помощью Своего слова.

"Сын мой! Словам моим внимай, и к речам моим приклони ухо твое; да не отходят они от глаз твоих; храни их внутри сердца твоего: потому что они жизнь для того, кто нашел их, и здравие для всего тела его" (Притчи 4:20-22). Значение слова "здравие" в данном стихе включает в себя здоровье, исцеление, лечение и лекарство. Итак, Божье слово подобно лекарству: "Слова, которые говорю Я вам, суть дух и жизнь" (Иоанна 6:63). Повторюсь, бывает, что исцеление и освобождение приходят, потому что Иисус прикасается к нам, но бывает, что Он посылает Свое слово, чтобы мы приняли его и жили. Вы будете видеть, как Его слово меняет всю вашу ситуацию.

Наш великий врач Иисус не нуждается в услугах аптеки. Он создал Свое собственное лекарство, у которого нет никаких побочных эффектов, нет срока годности или высокой стоимости. Слово Божье подобно лекарственному средству, несущему исцеление.

Действие лекарства одинаково для всех: когда мы принимаем слово Божье, оно приносит жизнь. Оно будет действовать, если только принимать его внутрь. Лекарство не действует, когда лежит в аптечке. Также и слово Божье не действует, если просто находится в Библии. Слово должно наполнить вас и стать частью вашей жизни. Начните принимать его внутрь своего сердца.

Обычно лекарство действует не сразу, а только через определенное время после принятия. Так же работает и Божье слово. Поэтому будьте терпеливы и ходите в послушании Господу.

Познавая Христа, вы обретаете покой и получаете исцеление. Определенная сила приходит в вашу жизнь в процессе роста в Господе.

Чем дальше, тем полноводней

"Когда тот муж пошел на восток, то в руке держал шнур, и отмерил тысячу локтей, и повел меня по воде; воды было по лодыжку" (Иезекииль 47:3). Господь привел пророка Иезекииля к храму, откуда текла вода на восток к Мертвому морю. Пройдя по воде 1 000 локтей, то есть примерно 500 метров, пророк заметил, что вода поднялась по лодыжку, но было еще мелко. Можно было намочить ноги, но недостаточно для того, чтобы плавать. Пророк продолжал идти вперед. Глубина реки увеличивалась, пока через следующих 500 метров вода не стала доставать до колен. Еще через 500 метров воды было уже по пояс. А через следующие 500 метров пророк уже не мог идти, дальше нужно было плыть. Чем дальше он шел вперед, тем глубже и полноводнее становилась река.

Здесь сокрыт ключ к увеличению Божьего помазания – продолжайте идти по реке к Мертвому морю. Это откровение легло в основу моего понимания того, как Бог увеличивает Свое помазание в нашей жизни. Не так давно, во время поста, я уехал за город, чтобы побыть с Богом в уединении и искать Его лица. Там Он показал мне в Своем слове, что помазание подобно той реке. Вначале оно достигает только лодыжек. Но со временем возрастает настолько, что придется плыть. Мы должны верно двигаться вперед по реке. Желание познавать Духа Святого поднимет вас выше на новый уровень. Конечно же это процесс. Когда вы углубляетесь в отношения с Духом Святым, река Божьего помазания становится полноводнее. Научитесь постоянно развивать свои отношения с Божьим Духом. Не останавливайтесь, даже если вам кажется, что вы никуда не движетесь. Продолжайте, и все будет меняться. Бог переведет на новый уровень.

Движение по реке влияло на глубину, однако направление также имело свою роль. Река текла к Мертвому морю, самой низкой точке на земле. Мертвое море символизирует людей, которые находятся в самой низкой точке своей жизни, то есть во грехе. Возрастая в Боге, вы становитесь ближе к Духу Святому, а также к людям за пределами церкви. Мы призваны нести им Евангелие. Когда мы начнем это делать, то Бог будет увеличивать глубину и ширину Своей реки в нашей жизни до тех пор, пока эта река не начнет приносить исцеление и жизнь другим людям.

Истина состоит в том, что во время духовного роста возрастает не только ваша свобода и исцеление, но и Божье помазание в вашей жизни.

Молитва

"Иисус, я прихожу к Тебе и прошу, дай мне Твое иго и Твое бремя. Научи меня быть похожим на Тебя. Научи меня смирению и кротости. Помоги мне найти покой, исцеление, свободу и умножение Твоего помазания в своей жизни. Я обещаю, что буду искать Тебя и учиться у Тебя".

ГЛАВА 13

ИСТОРИЯ ДВУХ САУЛОВ

Я вырос в большой семье. На момент написания этой книги моя бабушка по линии матери живет и здравствует. У нее 16 детей, 73 внука и 33 правнука. Дедушка, ее муж, уже давно ушел к Господу. Мои самые лучшие воспоминания связаны именно с детством. В дружной украинской семье, где я рос, были строгие пятидесятнические традиции. Это было одновременно и благословением, и обременением. Порой мне казалось, что чаще всего в нашей семье практикуют место Писания, в котором говорится, чтобы родители не жалели розги для своих детей.

Помню, как однажды мы с двоюродным братом играли у бабушки в доме. Его отец был довольно строгим. Он приказал нам не выходить из дома и не бродить по улице. Нам было примерно по семь лет. Естественно, моему двоюродному брату больше хотелось приключений, чем следования строгим правилам отца. Ну а мне просто хотелось всюду следовать за своим братом. Хотя я предупреждал его, что нам влетит, если нас поймают за пределами дома.

Мы выскользнули из бабушкиного дома и забрели в поля, да в такие места, где раньше еще не бывали. Вскоре мы потеряли счет времени. Как выяснилось позже, мы пропустили обед, к тому же все ходили и искали нас. Это не предвещало ничего хорошего. Мы вернулись и попытались присоединиться ко всем остальным, стараясь вести себя естественно, как будто ничего не произошло. Конечно же, это не сработало. Мой дядя отвел нас обоих в дом, и его сын получил хорошую, украинско-пятидесятническую порку. Порка была с пристрастием – ремнем по голой заднице. Я наблюдал за этой душераздирающей сценой, прикрывая руками свой собственный зад, потому что понимал, что буду следующим, ведь мы оба ослушались повеления дяди.

После того как моего двоюродного брата хорошенько отшлепали и исполнили реченное в Писании, его отец посмотрел на меня с недовольством и выпалил: "Иди отсюда". Я подумал: "Что?.. мне не будет ремня!?" Я как угорелый вылетел из дома и возблагодарил Бога за то, что чаша сия прошла мимо меня и ремень меня не коснулся. Но в то же самое время мне было жалко брата. Знаете почему мой дядя не наказал меня? Потому что я не был его сыном. Во гневе он приказал мне покинуть их дом и не стал меня воспитывать.

Отцы воспитывают только собственных детей. Родительская дисциплина необходима, так как дети не могут воспитывать самих себя. Если бы мы вели себя подобающе, не ходили в соседские дома и огороды, не гуляли по полям, то моего двоюродного брата не наказали бы. Смотрите, как христиане мы либо будем сами себя дисциплинировать, либо нас будет дисциплинировать любящий Отец (Евреям 12:3-11, 1-е Коринфянам 11:32).

Как и прочие люди

Бог не наказывает нас за грехи – наказание уже произошло на кресте. Он уже наказал Иисуса за все наши грехи. Поэтому, когда мы пренебрегаем наставлениями и ведем себя невоспитанно, Он дисциплинирует нас как любящий Отец, развивая плод святости внутри каждого из нас.

Дисциплинирование отличается от наказания:

ИСТОРИЯ ДВУХ САУЛОВ

Наказание будет длиться вечно, а дисциплинирование – временно.

Наказание предназначено для грешников, а дисциплинирование – для праведников.

Наказание происходит от гнева, а дисциплинирование – от любви.

Наказание придет через время, а дисциплинирование – сразу же.

Наказание отлучает человека от Божьего присутствия, а дисциплинирование, наоборот, приближает нас к Богу.

В случае с моим двоюродным братом, отец учил его дисциплине из любви к нему, при этом он остался в доме. С другой стороны, хоть мне и посчастливилось избежать порки, но меня выставили из дома. Люди в этом мире, которые нарушают Божьи заповеди, будут навеки отлучены от Бога, даже если кажется, что их грехи никому не вредят на этой земле. А нас, детей Божьих, если мы не ходим в наставлении Отца, Он будет воспитывать здесь и сейчас, чтобы развить качества послушания в каждом из нас.

Самсон думал, что не будет никаких проблем, если ему отрежут волосы. Он говорил: "…и буду, как прочие люди" (Судей 16:7,11,17). Он трижды рассказывал Далиде, что нужно сделать, чтобы он стал таким как все. Самсон так заблуждался, полагая, что непослушание сойдет ему с рук, как это бывает в жизни других людей.

Люди в мире, которые не служат Богу, все равно как-то живут, женятся, имеют семьи и, как нам порой кажется, наслаждаются жизнью. Самсону нравилась его сила и предназначение, и почему-то он думал, что непослушание и своеволие приведут лишь к заурядной и рядовой жизни, и он станет как все прочие люди.

ПУТЬ К СВОБОДЕ

Когда Самсон перестал контролировать себя, чтобы держаться подальше от спиртного, не прикасаться к мертвому и не стричь волосы, то он не стал как все остальные. Вместо этого пришло дисциплинарное наказание. Оно было тяжелым. Женщина, которую он любил, бросила его ради денег. Ему выкололи глаза. Он потерял свободу и провел остаток дней, ходя кругами в доме врага. Так не живет обыкновенный человек, даже нечестивые люди живут лучше. Возможно вы задумаетесь: "Может не стоит быть христианином, если Бог так дисциплинирует за каждый плохой поступок".

Если вы, верующий человек, не захотите дисциплинировать свою жизнь, то вас начнет дисциплинировать Отец Небесный. Поверьте, в свете вечности лучше перенести дисциплинарное наказание здесь на земле и оставаться близко к Богу, нежели в вечности быть отвергнутым и брошенным во тьму внешнюю. Существует лишь один путь как избежать дисциплинарного наказания – начать самому себя дисциплинировать. Так будет и лучше, и полезнее. А Дух Святой поможет вам в процессе, если конечно вы изберете путь послушания. Да, дисциплина – это узкий путь, но этот путь ведет к жизни в процветании и победе. Такую жизнь приготовил для нас Бог, и это то, о чем мы мечтаем. Дисциплина – это всего лишь небольшая цена, которую стоит платить, чтобы жить в воле Божьей. Поверьте, что вы заплатите большую цену, если станете жить в грехе и компромиссе.

За сверхъестественной встречей должна следовать дисциплина

В Библии рассказаны две истории, которые демонстрируют, насколько важна дисциплина после сверхъестественной встречи с Богом. Я назвал эту аналогию "Историей двух Саулов" *(Примечание переводчика: в английском языке "Савл" и "Саул" одно и то же имя.)* Итак, один был царем, а другой – фарисеем.

ИСТОРИЯ ДВУХ САУЛОВ

Один отправился в Раму, чтобы убить Давида, а другой отправился в Дамаск, чтобы убивать христиан. Они оба считали, что поступают правильно. Оба имели сверхъестественную и неожиданную встречу с Богом, после которой царь Саул снял одежду и пророчествовал весь день и всю ночь, а Савл Тарсянин был слеп в течение трех дней.

Вот только последствия этих встреч очень разные: царь Саул стал отступником, а Савл – апостолом Христа. Оба они имели сверхъестественные переживания, но один из них вернулся к своей прежней жизни, а другой полностью отвернулся от старой жизни и вошел в новую, которая стала противоположностью тому, как он жил раньше. Царь Саул умер, совершив самоубийство, его запомнили как убийцу священников. Савл умер смертью мученика, он до конца был верен решению следовать Божьей воле.

Каким бы сильным ни было ваше освобождение, за ним всегда должна следовать жизнь полного посвящения Богу. Иначе в дальнейшем ваше сверхъестественное переживание не принесет вам никакой пользы. Я люблю удивительные переживания с Богом, конференции, вечера пробуждения, христианские лагеря, но они служат лишь для того, чтобы зажечь в нас пламя огня еще ярче. У Бога есть нечто большее, чем просто минутное переживание. Вся наша духовная жизнь должна быть шествием, а не духовными толчками. Сами по себе сверхъестественные переживания не помогают удержаться от старого образа жизни, поэтому нужна именно дисциплина в жизни.

Несколько дней назад мы с женой катались в районе одной фермы на нашем мопеде "Yamaha 49cc". Мы обратили внимание на то, что свиньи повсюду валялись в грязи. Это была та же ферма, где я однажды, когда еще был молодежным пастором, брал "на прокат" поросенка для иллюстрации во время проповеди. Можно сколько угодно вычищать свинью, но когда животное возвращается обратно на ферму, оно снова находит грязь и залазит туда. К сожалению, так происходит у некоторых из нас, переживших личную встречу с Богом. Мы омылись и очистились, но бежим назад делать то же самое, что так огорчало сердце Бога. Какой же выход? Умертвить "свинью" на кресте и стать "овечкой", которая повинуется воле Божьей. Подчините свою плоть дисциплине повиновения Богу, только так вам удастся ее победить.

Сатана, мир и плоть

Как я уже говорил, мы получаем свободу не для того, чтобы делать все, что хотим, а чтобы делать то, что должны. Поезд может освободиться от рельсов и делать все, что захочет. Однако он далеко не уедет без железной дороги. Две полоски рельсов, по которым движется вперед наша свобода – это дисциплина и ученичество.

Процесс освобождения изгоняет дьявола, а дисциплина не подпускает его. Освобождение совершает Бог для нас, а дисциплину производит Бог внутри нас.

Почему дисциплина так важна? Потому что у нас есть три врага, с которыми мы сталкиваемся постоянно, а иногда с тремя одновременно: мир (внешний враг), дьявол (невидимый враг) и плоть (внутренний враг).

Итак, дьявола мы побеждаем словом Божьим и силою Духа Святого.

Мир мы побеждаем, убегая без оглядки, как Иосиф от искушения. Нам нужно отвернуться от тех людей и мест, которые тянут нас вниз, обратно к старой жизни.

Но вот плоть является худшим врагом. От нее невозможно избавиться. Даже когда удается распять плоть с ее похотями, она снова воскресает на следующий же день. Однако, если мы укрепляем свой дух постом и молитвой, ища Божьего лица, то это помогает нам побеждать плоть.

Исправительная розга

Поверьте, нам всем нужна дисциплина после освобождения, но некоторым нужна дисциплина для освобождения. Чтобы избавиться от греха, Иисус предлагал не изгнание, а жесткую дисциплину: "Если же правый глаз твой соблазняет тебя, вырви его и брось от себя, ибо лучше для тебя, чтобы погиб один из членов твоих, а не все тело твое было ввержено в геенну" (Матфея 5:29). Иисус, являясь Царем духовного мира, знает силу дьявола, действующего за кулисами в падшем мире. Поэтому Его рекомендация о том, как разобраться с различными грехами, звучит очень прямо –установить дисциплину и ограничения. Да, это не всегда легко, ведь переносить боль, равносильную отсечению руки - это жестко. Но порой только такая дисциплина способна принести прорыв и освобождение.

Если вы не будете дисциплинировать себя, то вас начнет дисциплинировать жизнь. Лучше это делать самому, чем получать строгие уроки жизни. Для меня дисциплина означает распятие плоти, причем постоянное. Верою я подхожу ко кресту, принимая спасение, но также мне нужно поднимать себя на крест для освящения. Чтобы победить плоть, нужно положить конец своим амбициям и грехам посредством дисциплины и питания своего духа.

Что вы кормите, то и будет расти, а что перестаете кормить, то будет умирать. "Поступайте по духу, и вы не будете исполнять вожделений плоти…" (Галатам 5:16). Плоть имеет похоти, которые по свойствам похожи на грибок на ноге. Чем больше чешете, тем больше будет зуд. Плоть никогда не насыщается, ее невозможно удовлетворить. Единственный выход в борьбе с плотью – это поднять ее на крест. А когда мы живем по духу, то это становится возможным.

Апостол Павел объясняет, что даже когда мы приближаемся к Богу, наша плоть не исчезает – у нас просто появляется сила останавливать ее запросы. Даже после распятия плоти, последует ее воскресение на следующий день, в лучшем случае через неделю. Поэтому очень важно на первое место ставить жизнь в Боге и послушание Его голосу, это даст вам силы избегать плотских похотей. Вожделения плоти никуда не исчезнут, вы все еще будете ощущать зуд, однако у вас появится сила воли не трогать и не чесать, тогда зуд успокоится.

Недавно я увидел знакомое с детства место Писания в новом свете. Мои родители использовали этот стих в процессе воспитания: "Глупость привязалась к сердцу юноши, но исправительная розга удалит ее от него" (Притчи 22:15). Иногда наше сердце привязывается к чему-то такому, что способно увести нас от Бога. В таком случае для освобождения нужна "исправительная розга". Розга доказывает, что не всегда воспитание бывает сладким и приятным. На самом деле, сначала будет немножко больно, но в будущем это будет того стоить.

Раньше, когда мы были детьми, наши родители применяли для воспитания розгу. Но теперь, когда мы повзрослели, мы должны научиться самостоятельно применять в своей жизни дисциплину.

Ученичество соединяет с предназначением

Ученичество необходимо для того, чтобы сохранить свободу и исполнить предназначение. Когда ученики освободили привязанного осленка, они не оставили его, а направляли до тех пор, пока Иисус не сел на него. Чтобы не пропустить свое предназначение, мы должны позволить наставникам идти рядом с нами в нашей христианской жизни. Да, ученичество будет иметь свою цену. Вам нужно будет смиряться, быть подотчетными ментору, почитать родителей, слушать своего пастора и посещать домашнюю группу. Когда вы под духовным покровительством пастора, ментора, родителей, это похоже на духовный зонтик, который защищает вашу жизнь от плохих вещей.

Мы учимся либо у учителей, либо на собственных ошибках. На ошибках мы учимся уже после того, как сбились с пути, а наставники подсказывают, как предотвратить ошибки и ранения. Возможно, кто-то возразит и скажет, что нам не нужен никто, кроме Господа Иисуса Христа. Но до того как Иисус сел на осленка, этого осленка вели и направляли ученики.

Прежде чем Иисус был помазан Духом Святым и силою, Он жил в повиновении у своих родителей. Начав земное служение, Он никогда не угождал Себе, но исполнял волю Отца и делал то, что показывал Ему Отец. Вначале Он повиновался земным родителям, а затем повиновался до смерти, и смерти крестной, Своему Небесному Отцу. Поэтому все, что Иисус говорил, имело огромную власть. Ведь Он жил под этой властью.

Вы не можете ходить во власти, если не живете под властью. Ученичество начинается с почтения к родителям. Послушание и почитание – это не одно и то же. Послушание – это действие, а почитание – это отношение. Мы повинуемся своим родителям, потому что это правильно, но когда почитаем их, то имеем вознаграждение. Из десяти заповедей единственная заповедь с обетованием – почитай отца и мать. Я избежал множества ошибок в жизни, потому что слушал своих родителей и пастора.

Цель родителей – воспитать и направить к предназначению. Иосиф оказался в Египте и добился там огромного успеха, но все начиналось с простых поручений отца, таких как отнести пищу своим братьям. Саул обрел царство, выполняя задание своего отца, ведь изначально он не претендовал на царство. Давид поразил Голиафа, но оказался на поле битвы лишь потому, что принес еду воинам, а об этом его попросил отец. Все эти мужи не искали свое призвание – оно само их нашло. Они просто делали то, что попросили их сделать родители. Они повиновались, а не только постились и молились о том, чтобы Бог их использовал. Если нет почтения к родителям, то приходит проклятие. С другой стороны, почтение к родителям приносит в нашу жизнь огромные благословения.

Ученичество формирует характер, направляет нас к нашему предназначению и учит нас быть подотчетными. Иисусу Навину нужен был Моисей. Давиду нужен был Самуил. Елисею нужен был Илия. Ученикам нужен был Иисус. Тимофею нужен был апостол Павел. Нам нужны пасторы, менторы, наставники и родители, которые могли бы направить, сформировать характер и уберечь от гордыни и глупости.

Научитесь почитать своих наставников и прислушиваться к их мудрым советам, иначе вам придется учиться на своих собственных ошибках.

Молитва

"Господь Иисус, я не хочу оставаться прежним. Я хочу расти и следовать за Тобой, Иисус. Пошли в мою жизнь правильных наставников, помоги мне быть подотчетным, и самое главное – помоги мне почитать ближнего и правильно относиться к тем людям, которыми Ты окружил меня".

ГЛАВА 14

РОЖДЕНЫ, ЧТОБЫ ОСВОБОЖДАТЬ

В 15-летнем возрасте молодой Шаварш Карапетян подрался с бандой парней, которые избили его, привязали ему на шею камень, бросили в озеро и ушли. Ему чудом удалось развязать веревки на запястьях и снять камень с шеи, затем он смог выплыть на поверхность озера. Этот случай заставил его всерьез заняться плаванием. Он быстро поднялся по спортивной лестнице и стал чемпионом Армении по плаванию, ему было всего 17 лет. Шаварш прошел путь от "мастера спорта Советского Союза" до "мастера международного класса" и "чемпиона Европы по плаванию", побив мировой рекорд. Он достиг невероятных высот в подводном плавании: 17-кратный чемпион мира, 13-кратный чемпион Европы и 7-кратный чемпион СССР.[12]

Помимо многих спортивных достижений, жизнь этого человека является выдающимся примером того, как мы призваны помогать другим людям. Однажды, когда Шаварш ехал в автобусе на тренировку, водитель автобуса потерял управление на опасной горной дороге и чуть не съехал в обрыв. Шаварш подбежал к водителю и помог вырулить автобус на дорогу, тем самым сберег жизни 30 человек, включая свою собственную.

Два года спустя, 16 сентября 1976 года он бежал кросс, 20 километров, со своим братом, и увидел, как заполненный пассажирами троллейбус съехал с проезжей части и упал с дамбы прямо в ледяную воду Ереванского водохранилища. В троллейбусе, который моментально скрылся под водой, находилось 92 человека. Он упал на глубину 10 метров, примерно в 25 метрах от берега. Не теряя ни минуты на раздумья, Шаварш Карапетян бросился в воду спасать людей. Ногами он разбил заднее стекло троллейбуса и начал вытаскивать пассажиров одного за другим.

Следующие пол часа он провел в ледяной воде, совершив около 30 погружений к затонувшему троллейбусу. Его брат помогал оттаскивать пострадавших на берег и приводил их в чувство. А Шаварш снова и снова нырял на глубину, чтобы спасти хотя бы еще одного человека. Он вытащил из воды многих пассажиров, но лишь 20 из тех, кого он спас, удалось выжить. (Как-то на Флориде я встретил женщину, которая в 13-летнем возрасте жила вблизи того водохранилища и хорошо помнила тот случай. Она была в восторге, услышав историю из ее родного города.)

После 30 погружений Шаварш потерял сознание. Его смелый поступок перечеркнул его карьеру пловца и чуть не стоил ему жизни. Из-за длительного пребывания в холодной воде и множества порезов об осколки стекла, он пролежал в коме 45 дней. Лишь два года спустя в советской газете опубликовали статью под заголовком "Подводная битва чемпиона". Впоследствии он обрел признание за свой подвиг и получил много благодарственных писем.

Во время интервью у него спросили, какой момент для него был самым ужасным во всем происшествии, и он ответил:

"Я знал, что мог спасти лишь определенное количество жизней, потому очень боялся ошибиться. Там было так мутно и темно, что я почти ничего не видел. Во время одного из погружений я случайно вместо человека поднял сиденье от троллейбуса... а ведь мог бы кого-то спасти вместо этого. Это сиденье до сих пор преследует меня в кошмарах".[13]

Меня невероятно вдохновляет этот герой современности – рискуя собственной жизнью, он спасал других людей, каждый раз ставя под удар свое собственное здоровье. Единственное, о чем он сожалел – это то, что не смог спасти больше людей. Герои могут быть очень разные, но всех их объединяет одно: они рискуют ради спасения других. Меня не впечатляют актеры, артисты и спортсмены, потому что настоящие звезды – это те, кто отражает природу Бога. Они живут ради того, за что умер Иисус – спасение душ. Если вы поставите своей жизненной целью спасение людей, то Бог превратит вас из обычного человека в настоящего героя. Ваши испытания станут свидетельством, а трудности превратятся в послания.

Освобождение для применения

"Пойдите в селение, которое прямо перед вами; и тотчас найдете ослицу привязанную и молодого осла с нею; отвязав, приведите ко Мне..." (Матфея 21:2). Как мы уже и говорили, цель освобождения осленка состояла в том, чтобы у Иисуса было транспортное средство, на котором Он смог бы въехать в Иерусалим. Христу нужно было въехать в город. Он воспользовался осленком, как услугами "Uber". Иисус и по сей день хочет войти во все сферы общества, такие как система образования, правительство, средства массовой информации, церковь, семья, сфера искусств и развлечений, а также сфера бизнеса. Он хочет использовать вас, как инструмент, который понесет Его славу и Его послание во все эти сферы.

Вы были связаны грехом, зависимостью, бременем, но вас освободили для того, чтобы Господь мог использовать вас в Своих целях. Обретя свободу, нацельте всю свою жизнь на то, чтобы жить для Него и исполнять Его волю. Не умаляйте смысл своей жизни только до того, чтобы жениться, построить дом, ездить в отпуск, выплатить долг и отложить побольше денег на пенсию. Поймите, нет ничего плохого в том, чтобы наладить свою собственную жизнь. Но тот, кто был спасен смертью Иисуса, имеет жительство на небесах, знает, что ад ужасен, а вечность – это навсегда и жить для чего-то меньшего, чем то, за что умер Господь Иисус – неправильно и неверно!

Порой мы думаем, что для исполнения Божьей воли нам нужно бросить работу и ехать куда-то на миссию. Некоторые люди действительно к этому призваны, но остальных Иисус освобождает и посылает миссионерами в те сферы, где мы уже имеем доступ и определенное влияние. Миссионерство – это образ мышления, а не поездка куда-то. Это жизнь, направленная на то, чтобы принести Царство Божье в сферы вашей деятельности. Наша задача – идти в мир и нести Иисуса. А Дух Святой будет давать возможности и показывать те чудеса, которые могут произойти в жизни людей, которых вы призваны привести к Богу.

Ослик стал транспортом Иисуса, на котором Он въехал в город. Когда Дух Святой сходит на нас, Он восседает и наделяет силой быть Его свидетелями. Дух Божий живет внутри вас ради вас самих, но также Он почивает на вас, а это – ради других людей.

Крещение Святым Духом не ограничивается только говорением на иных языках. Дух Святой приходит почивать и восседать на нас, как на ослике, чтобы мы несли Иисуса в наш Иерусалим. К сожалению, мы, пятидесятники, свели крещение Святым Духом лишь к говорению на иных языках. Но все намного больше и значительнее: "Вы примете силу, чтобы быть свидетелями" – вот истинная цель крещения Духом. Я знаю многих христиан, которые говорят на иных языках, но никогда не приводят людей в церковь. Они не говорят о своей вере окружающим и не участвуют в миссионерской деятельности. Их не беспокоит тот факт, что в церкви, которую они посещают, люди не спасаются уже много лет подряд. Это и неудивительно, поскольку все, что они приняли – это иные языки, но не силу.

Предназначение свободы и наполнения Духом заключается в том, чтобы мы были свидетелями. Мы получаем силу Святого Духа не для того, чтобы быть законниками и спорить с другими, но чтобы стать свидетелями и рассказывать людям о том, что мы видели и слышали. Бог помазывает нас не выигрывать дебаты, но завоевывать души. Это высшая и главная цель свободы.

Рождены для такого времени

"Если ты промолчишь в это время, то свобода и избавление придет для Иудеев из другого места, а ты и дом отца твоего погибнете. И кто знает, не для такого ли времени ты и достигла достоинства царского?" (Есфирь 4:14). Есфирь – это одна из героинь Библии, которая использовала свое положение для исполнения Божьей воли. Ее история началась не так уж радужно и гладко. Родители, которые звали ее Гадассой, погибли, когда Вавилон напал на Израиль. Девочку сироту взял на воспитание ее родственник Мардохей и дал ей новое имя – Есфирь. Вместе они стали иудейскими переселенцами в Вавилоне.

Вскоре жена царя Артаксеркса была лишена короны из-за проявления непочтения к своему мужу. Место супруги царя стало вакантным. Поэтому царские слуги отправились искать красивых девушек, которые могли бы занять место царицы. Есфирь стала одной из тех, которых забрали. Благодаря Божьей благодати в своей жизни Есфирь поднялась выше остальных и была избрана в качестве жены царя. Некоторые могут считать это большой удачей: быть никем и стать звездой, и подняться из грязи в князи. Но у Бога был особый план для ее жизни. Ее новая позиция имела предназначение. Это предназначение вскоре стало очевидным, когда ее народ оказался под угрозой уничтожения. Ей жилось весьма комфортно во дворце. А вот Мардохей был знаком с обоими мирами: жизнь во дворце и жизнь за его пределами. Он видел агонию, смерть и страдания, с которыми довелось столкнуться его народу, в то время как Есфирь была ограждена от всего этого. Мардохей убедил ее в том, что она достигла достоинства царского по причине своего предназначения.

Дух Святой – это наш Мардохей. Он знает, какое будущее ожидает тех, кто не принял Иисуса. Он знает, что люди, не принявшие Христа, столкнутся с вечными муками своей души, физическими страданиями, отделением от Бога навсегда, и многие так и уходят в вечность без Христа.

Дух Святой тревожит наш комфорт, неся обличение. Как Мардохей в свое время сказал Есфири, так и Дух Святой говорит сегодня нам, что мы достигли определенного влияния по причине предназначения. Бог спас нас, чтобы мы спасали других. Бог поднял нас, чтобы мы поднимали других. Вы обрели милость и благодать не потому, что вы лучше остальных. Если бы не любовь Божья, то вы бы ничем не отличались от множества людей, которые идут прямиком в ад, не имея спасения. Почему Бог ничего с этим не делает? На самом деле Он уже сделал все! Вопрос в том, почему вы ничего не делаете? Что вы делаете для того, чтобы люди спасались? Делаете ли вы все, что в ваших силах?

Дух Божий пребывает рядом и напоминает о том, что мы должны быть готовы заплатить любую цену, чтобы спасение людей стало высшим приоритетом в нашей жизни. Многим нравится спасать других, когда это удобно и ничего не стоит. Это проблема! Всякий раз, когда речь идет о спасении, мы должны быть готовы платить цену. Рискуйте своим комфортом, временем, эгоизмом, бросайте вызов своим страхам. Не бойтесь потерять свое влияние, если вы используете его ради спасения людей. Именно этого боялась Есфирь. Она боялась, что если пойдет к царю и будет умолять его пощадить еврейский народ, то сама погибнет. Но Есфирь не потеряла корону, использовав свое положение ради спасения народа. С нас не убудет, если мы будем стремиться спасать других людей. Даже если мы на время прервем обычный образ жизни ради исполнения своего призвания – это невысокая цена по сравнению с вечными плодами, которые мы принесем.

Как печально видеть влиятельных, богатых людей в высших сферах общества, которые боятся открыто свидетельствовать и светить пред людьми из-за политкорректности или нежелания кого-то обидеть. Они сводят на нет свое призвание спасать других и только ободряют окружающих. Сейчас стало популярным быть "вдохновляющим спикером". В этой идее нет ничего плохого, но это не наша конечная цель, зная, что многие люди идут прямиком в ад. Можно только представить, что бы случилось с евреями, если бы Есфирь сказала: "Мардохей, вся эта идея со спасением народа немного рискованная, ведь я могу лишиться своего положения в обществе. Лучше я буду жить как царица и вдохновлять маленьких девочек во всем Вавилоне, чтобы они учились мечтать и обязательно мечтали о большом".

Когда вы только лишь вдохновляете других людей, зная, что они погибают, вы бьете мимо цели. Мы призваны нести спасение людям, а не просто вдохновлять погибающих. Если человек идет по направлению к обрыву, то ему не нужно вдохновение – ему нужно, чтобы кто-то остановил его и отвел подальше от опасности. В горящем доме людям не нужно вдохновение – им нужно спасение. Если человек тонет, ему не нужно ободрение "держись, у тебя получится" – ему нужен спасательный круг. Иисус пришел не вдохновлять людей, но спасти тех, кто погибает.

ПУТЬ К СВОБОДЕ

Освобождены, чтобы освобождать

"Сыны Израилевы вопияли от работы, и вопль их от работы восшел к Богу. И услышал Бог стенание их, и вспомнил Бог завет Свой с Авраамом, Исааком и Иаковом" (Исход 2:23-24). Рождение Моисея стало ответом на вопль людей, живущих в рабстве. Бог уберег его в младенчестве от гибели в реке. Он избежал смерти по определенной причине, а не потому, что ему повезло, и не потому, что он был лучше других. Возможно, вы избежали многих вещей, с которыми другие люди мучаются и сражаются, но это не ваша заслуга и не заслуга вашей семьи. Рука Божья была на вашей жизни. Это Его предопределение, которое сохранило вас, и не для того чтобы вы просто возвысились, но для того чтобы вы стали инструментом в Божьей руке для спасения многих.

Моисею посчастливилось пожить во дворце, как и Есфири. Дворец может сделать вас изнеженным и немного гордым, так что вы начнете думать, что находитесь там благодаря своим заслугам и харизме. Если вы считаете, что всего добились сами, то вы упускаете главное, а именно: весь смысл своего существования.

Однажды, когда Моисей решил проведать своих братьев, которые были рабами, он столкнулся с чужой болью. Осознание того, что кто-то рядом с вами страдает, заставляет по-новому смотреть на жизнь. После увиденного, вы уже не сможете жить во дворце так, как раньше. Когда вы увидите нищету в странах третьего мира, посетите приют для бездомных, послужите людям в тюрьме, навестите тех, кто находится при смерти, то ваши взгляды поменяются. Если вам не хватает сострадания к погибающим, то посетите те места, где люди страдают – приложите свое сердце к их боли. Не становитесь фарисеем, который заметив истекающего кровью человека на обочине дороги, перешел на другую сторону, чтобы не приближаться к людским страданиям. При виде страданий с Моисеем что-то произошло. Во гневе он взял дело в свои руки и попытался добиться справедливости. Он не был равнодушен к страданиям других, поэтому Бог был доволен этим человеком. И хотя Моисей совершал ошибки, равнодушие уж точно не было одной из них.

Вспышка гнева побудила Моисея убить египтянина, что стоило ему пребывания в пустыне в течение 40 лет. Затем Бог посетил его. Моисей побывал в Божьем присутствии и это открыло ему его призвание в жизни. До своего предназначения он считался убийцей. Побывав в Божьем присутствии, он пошел спасать людей. Божье присутствие всегда направит вас в ваше предназначение, а ваше призвание поможет другим людям. Смогли ли вы добиться комфорта во дворце? Смогли ли вы столкнуться с болью погибающего мира? Повлияло ли это на ваши взгляды? Вам необходимо побывать в Божьем присутствии, чтобы раскрыть Его предназначение для своей жизни.

Бог послал Моисея назад во дворец, туда где он жил раньше, где вокруг были такие же люди, подобные ему когда-то. Бог хочет послать вас в ваше поколение, чтобы принести спасение, исцеление и освобождение. Благодаря Его милости и ради Его цели вы находитесь там, где вы есть сейчас. Бог поднял вас не просто так, а по причине вашего предназначения. Примите свое призвание, которое заключается в Его благой и совершенной воле, чтобы никто не погиб, но все пришли к познанию Иисуса, как своего Спасителя.

Призваны стать ответом

"И вот, уже вопль сынов Израилевых дошел до Меня, и Я вижу угнетение, каким угнетают их Египтяне. Итак, пойди: Я пошлю тебя к фараону; и выведи из Египта народ Мой, сынов Израилевых" (Исход 3:9-10). Бог подготовил Моисея к исполнению призвания, проведя его через многие события и обстоятельства жизни. Он жил во дворце – там научился подобающе вести себя и разговаривать с теми, кто живет в высшем обществе. Он был в пустыне – там узнал, каково будет вести народ через пустыню. Он был в Божьем присутствии, поэтому знал, как привести туда людей. Все, через что вы проходите, готовит вас к исполнению вашего призвания.

Бог призвал Моисея стать ответом на вопль угнетенного народа. Господь не будет призывать, если люди не будут молить и взывать к Нему. Я прошу Господа о том, чтобы вы сейчас услышали это в своем духе. Бог призывает вас, потому что Он отвечает на вопль этого поколения. Бог не может ответить на вопль, пока вы не ответите "да" на Его призыв. Он дал понять Моисею, что призывает его к великому служению не для того, чтобы сделать его знаменитым и сильным, а для того чтобы ответить на воздыхания страждущих людей.

Однажды, это стало реальностью для меня много лет назад, когда я переехал в свой новый дом, расположенный недалеко от церкви. Я познакомился со своими соседями и планировал пригласить одного из них в церковь чуть позже, когда я устроюсь на новом месте. Церковь находилась всего в нескольких кварталах от моего дома. Я продолжал оттягивать с приглашением до следующего, более подходящего момента. Через некоторое время я перестал видеть своего соседа. Однажды, когда я катался на роликах со своей женой, она сказала, что у нее на сердце очень тяжело и неспокойно за нашего соседа. Я ответил, что я не видел его уже несколько месяцев.

Через пару дней после этого агенты ФБР буквально облепили его дом и перевернули в нем все вверх дном. Я решил зайти в интернет и поискать своего соседа в социальных сетях, а также ввести его имя в поисковик. Оказалось, что он уже два месяца был мертв. Я был сильно потрясен, трудно даже передать, что я почувствовал в тот момент! Я все откладывал на потом, ожидая более удобного случая, чтобы рассказать ему о Боге, а потом стало слишком поздно – он умер.

Несколько месяцев спустя его дом выставили на продажу. Агент по недвижимости подошла ко мне, когда я мыл машину во дворе, и спросила, не желаю ли я посмотреть дом. Я отказался, сказав, что не интересуюсь покупкой еще одного дома. Она ответила: "О нет, не нужно покупать, просто сходите со мной, посмотрите дом внутри". Я решил пойти и посмотреть, чтобы она оставила меня в покое.

Мы обошли с ней весь дом, и я заметил, что в гостиной был вырезан кусок ковра размером два на полтора метра, прямо посреди комнаты. Я сказал, что это довольно странно, что ковровое покрытие есть по всему дому, а в гостиной отрезан кусок. Она ответила: "Разве вы не знаете, как он умер?" Я сказал: "Нет, не знаю. А как он умер?" Ее ответ ошеломил меня и поразил до глубины души. Мне сразу стало понятно, почему Бог положил мне на сердце желание пригласить его в церковь. Женщина сказала: "Он покончил жизнь самоубийством в этой гостиной". Я едва смог сдержать слезы. Выйдя из того дома, я побежал к себе домой; я закрылся в своей комнате и начал рыдать. Я плакал и каялся, и пообещал Богу больше никогда не игнорировать Его побуждения внутри меня.

Прямо там, в моей комнате, Бог напомнил мне, как Он призвал Моисея спасти Израильский народ. Это был ответ на вопль Израильского народа. Бог сказал мне, что когда побуждал меня помочь соседу, это Он Сам через меня пытался ответить на вопль его сердца, но я так и не ответил на призыв. Я все понял. Мое призвание было ответом на чей-то вопль, чью-то молитву, чей-то плач и стенание. Я больше не могу игнорировать свое призвание. Я должен быть всегда готов исполнять его. Многие люди получат спасение и освобождение благодаря тому, что мы с вами откликнемся на Божий призыв. Будут изменены судьбы, семьи и даже целые города и страны, когда мы станем ответом.

Иона попытался убежать от Божьего призыва. Библия говорит, что он бежал от Божьего присутствия. Когда вы убегаете от Божьего предназначения в вашей жизни, вы убегаете от Бога – точка. Похоже, Иона не догадывался, что исполнение его призвания позволит Богу ответить на вопль целого города и спасти его жителей.

Откликнитесь на призыв. И тогда Бог сможет ответить на вопль многих людей. Вы вышли из Египта, чтобы освободить и вывести других людей из Египта. Не оправдывайтесь тем, что вы слишком молоды, слишком стары, слишком неопытны, не можете говорить, не имеете денег, связей – пусть ваше сердце горит спасением погибающих, и Дух Святой даст вам все необходимое.

РОЖДЕНЫ, ЧТОБЫ ОСВОБОЖДАТЬ

Молитва

"Господь Иисус, используй меня для того, чтобы спасать людей от вечной гибели. Дай мне сегодня возможность рассказывать о своей вере. Ты сказал, что сделаешь тех, кто последует за Тобой, ловцами человеков. Дух Святой, дай мне сострадание к погибающим. Открой мое предназначение и помажь меня повлиять на мое поколение. Сделай меня тем, кто живет с постоянной мыслью о вечности".

ОБ АВТОРЕ

Владимир Савчук является старшим пастором многонациональной церкви и лидером движения "Hungry Generation", которое имеет четкое видение, направленное на спасение душ, исцеление, освобождение и подготовку молодых лидеров. Владимир является организатором ежегодных конференций "Raised to Deliver" (*Рождены, чтобы освобождать*), собирающих тысячи людей со всего мира. Ежегодно он проводит обучение и стажировку служителей: одну для подростков, а другую – для молодых людей. Пастор Владимир Савчук часто участвует во многих мероприятиях, конференциях, а также молодежных лагерях в качестве спикера.

Он родился и вырос в христианской семье в Украине. Когда ему было 13 лет его семья иммигрировала в США, а уже в 16 лет Владимир стал молодежным пастором. Владимир женат на прекрасной жене Лане, с которой любит проводить время и служить.

КАК НАС НАЙТИ

YouTube.com/c/ВладСавчук

Telegram: t.me/vladsavchuk

www.pastorvlad.org/russian

Если у вас есть свидетельство, связанное с данной книгой, пожалуйста, напишите мне на электронную почту: vlad@pastorvlad.org

Информацию о книгах и учебных пособиях на русском языке, а также ссылки на аудио и видео ресурсы на русском языке вы можете найти на сайте www.pastorvlad.org/russian

ПУТЬ К СВОБОДЕ

КАК ПОЛУЧИТЬ СПАСЕНИЕ?

"…Веруй в Господа Иисуса Христа, и спасешься ты и весь дом твой" (Деяния 16:31). Прежде чем вы сможете поверить в Иисуса как своего Спасителя, вы должны понять, зачем нужно спасение. Зонтик спасает от дождя. Шлем защищает от травмы. Иисус может спасти вас от наказания и власти греха.

Каждый из нас согрешил против Бога (Римлянам 3:23). Даже если мы очень стараемся, чтобы быть хорошими людьми, мы все равно не дотягиваем до Божьего стандарта праведности. Мы грешим против Бога каждый день, поскольку не исполняем Его повелений, записанных в Библии, таких как любить Его превыше всего, почитать своих родителей, говорить правду и т.д.

Бог свят (совершенен и отделен от греха). Он накажет неверующих и грешников, отделив их от Себя в место вечных мучений, то есть в ад (Римлянам 6:23). Однако из-за Своей великой любви Бог послал собственного Сына в этот мир, чтобы Его Сын спас от наказания тех, кто поверит в Него, и умер вместо них на кресте. Затем Сын Божий воскрес из мертвых, таким образом одержал победу над грехом и смертью.

"Ибо если устами твоими будешь исповедовать Иисуса Господом и сердцем твоим веровать, что Бог воскресил Его из мертвых, то спасешься, потому что сердцем веруют к праведности, а устами исповедуют ко спасению" (Римлянам 10:9-10). Если вы хотите принять Иисуса Христа и получить спасение, помолитесь этой молитвой:

"Господь Иисус, Я прихожу к Тебе и отдаю Тебе свое сердце и свою жизнь. Я признаю Тебя Господом всей своей жизни. Я прошу Тебя, прости все мои грехи и очисти меня. Я верю, что Ты заплатил цену за все ошибки и грехи, которые я когда-либо совершал. Я прямо сейчас принимаю в свое сердце Твою праведность и провозглашаю, что я спасен, и теперь я – Твое дитя!"

Добро пожаловать в Божью семью и вашу новую жизнь во Христе!

РУКОВОДСТВО ПО ИЗУЧЕНИЮ

ВВЕДЕНИЕ – УБИЙЦА ЛЬВОВ

Ключевые мысли: 1-я Царств 17:34-37

- Прежде чем выиграть открытое сражение с Голиафом, вам придется лично столкнуться со львом и медведем.
- Освобождение – это процесс, в котором нужно определить врага и противостать ему.

Вопросы для размышления:

1. Что побудило вас приобрести эту книгу?
2. Есть ли какие-то определенные сферы жизни, которые подтолкнули вас выбрать именно книгу об освобождении?
3. По шкале от 1 до 10, где 1 – это "полное порабощение", а 10 – "жизнь в полной победе", как бы вы оценили уровень своей свободы в данный момент? Почему вы поставили себе такую оценку?
4. В каких сферах жизни вы сталкиваетесь со львами и медведями в данный момент?
5. Сталкивались ли вы с проявлениями демонов, когда молились за других людей?
6. Верно или Нет: каждый человек, который хочет, чтобы Бог использовал его в освобождении, сначала должен быть одержимым дьяволом, чтобы лучше понимать людей, которые угнетаемы злыми духами.

ГЛАВА 1 – НЕ БЕЙТЕ ОСЛИЦУ

Ключевые мысли: Ефесянам 6:10-20

- За любым грехом стоит сатана.
- В физических войнах гибнут люди, но не гибнет зло. Только духовная война способна удалить зло из сердца человека.

- Бог помазывает нас выигрывать битвы с дьяволом, а не аргументы с людьми.

Пища для размышления:

7. Как вы считаете, почему Иисус изгонял демонов из людей на глазах у всех?
8. Есть ли в вашей жизни такие сферы, в которых вы пытаетесь разобраться с видимыми симптомами, а не с корнем проблемы?
9. Знаете ли вы кого-нибудь, кто раньше был очень злым, но после того как Бог освободил его, он стал очень приятным человеком? Расскажите об этом!
10. Как вы считаете, почему в Ветхом Завете было меньше случаев изгнания демонов?
11. Верно или Нет: Иисус рассматривал служение освобождения как частную практику, сокрытую от
глаз общественности.

ГЛАВА 2 – ШЕСТЬ ЗЛЫХ ДУХОВ

Ключевые мысли: Марка 5:1-20

- Демоны – это нечистые духи, которые любят жить в нечистых местах.
- Злые духи пытаются овладеть людьми, животными и местами.
- У всех злых духов есть одна общая цель – соблазнять, мучать, порабощать, осквернять, обманывать и атаковать физическое тело.
- Имена злых духов, упомянутых в данной главе: дух страха, дух питона, дух похоти, дух гордости, дух немощи и дух рабства.
- Насекомые кусают, чтобы высосать кровь. Змеи жалят, чтобы выпустить яд. Питон убивает свою жертву перекрывая ей дыхание.

Вопросы для размышления:

1. Какой дух злобы поднебесной господствует над вашим регионом? Противостоите ли вы ему в своих молитвах?
2. Как вы считаете, почему Иисус позволил демонам говорить, если их господином является отец лжи?
3. Как действует дух страха? Дух похоти? Дух зависимости? Дух питона? Дух немощи? Дух гордости?

4. Чем питон отличается от остальных змей? Какое отношение это имеет к духовной войне?
5. Из шести злых духов, о которых упоминает Библия, какой дух оказывает большее давление на вашу семью и личную жизнь?
6. Верно или Нет: мы можем спрашивать демонов обо всем, что нас интересует.

ГЛАВА 3 – ОТКРЫТЫЕ ДВЕРИ

Ключевое место Писания: Ефесянам 4:27-30

Ключевые мысли:

- Дьявол – вор, он скрывается во мраке и действует тайно.
- Дьявол похож на собаку на привязи: может лишь лаять на христиан, но не может их укусить, если только они не заходят на его территорию.
- Оккультизм – это открытая дверь для демонов.
- Заклятые вещи могут принести проклятие в вашу жизнь.
- Отвержение порождает бунт и неповиновение.

Вопросы для размышления:

1. Почему враг по своей природе напоминает вора?
2. Принимали ли вы когда-нибудь участие в оккультной практике? Почему?
3. Прочитав о заклятых вещах, приходят ли вам на память определенные предметы, которые могут быть в вашем доме, и от которых нужно избавиться или очистить с помощью молитвы?
4. Как и почему демоны могут войти в человека после пережитого потрясения?
5. Верно или Нет: если человек был изнасилован, то можно на 100% быть уверенным, что в него вошли демоны.

ГЛАВА 4 – ПОГРЕБАЛЬНАЯ ПЕЛЕНА

Ключевые мысли: Второзаконие, 28 глава

- Благословение приносит умножение, а проклятие – увядание и отмирание.
- Признаки проклятий: преждевременная смерть, распад семьи, тенденция к несчастным случаям, повторяющиеся несчастные судьбы, хронические болезни, страхи, фобии, постоянная нехватка финансов.

- Существует три вида проклятий: родовые, провозглашенные, заслуженные.

Вопросы для размышления:

1. Какие черты характера перешли к вам по наследству от родителей?
2. С какими негативными вещами вы боретесь, которые также проявлялись в вашем родстве?
3. Были ли сказаны какие-то негативные вещи в вашу жизнь людьми, которые имели власть над вами?
4. Какие слова не соответствующие Божьему слову вы регулярно произносили в свой адрес?
5. Перечислите семь дверей, через которые проклятия могут прийти в жизнь человека.
6. Какие из семи грехов принесли в вашу жизнь проклятье, от которого вы до сих пор страдаете, поскольку не было покаяния и отречения?
7. Верно или Нет: когда человек крадет, он открывает дверь для демонов.

ГЛАВА 5 – ХЛЕБ, ПРЕДНАЗНАЧЕННЫЙ ДЛЯ ДЕТЕЙ

Ключевые мысли: Матфея 15:21-28

- Мы спасены, спасаемся и будем спасены.
- Спасение предназначено для духа, души и тела.
- Хлеб, предназначенный для детей – это освобождение для верующего человека.
- Мы сражаемся не для победы, а с позиции победы.

Вопросы для размышления:

1. Спасение – это процесс, а не момент. Назовите три этапа этого процесса.
2. Если Дух Святой живет в духе верующего человека, какую часть естества занимают демоны, если он находится под их влиянием?
3. Какое значение имеет греческое слово "созо"?
4. Назовите 10 вещей, которые Иисус даровал нам, умерев на Голгофском кресте.
5. С какими пятью животными Писание сравнивает дьявола? Каким образом они отображают его природу?
6. Верно или Нет: дьявол побежден, поэтому он больше не является проблемой для нас.

ГЛАВА 6 – ОБРЕСТИ СВОБОДУ

Ключевые мысли: Иоанна 8:31-36

- Большинство связанных людей думают, что они свободны.
- Исповеданием грехов открываются двери для освобождения. Покаянием в грехах закрываются двери для дьявола.
- Если вы хотите ходить во власти над царством тьмы, вы должны жить под властью и господством Иисуса Христа.
- Процесс освобождения включает в себя следующие шаги: распознать врага, покаяться в грехах, отречься от зла, противостоять врагу, отдать Богу место, которое занимал враг, и обновлять свой разум. Все эти действия подразумевают восстановление в позиции владычества.

Вопросы для размышления:

1. Вы когда-нибудь встречали зависимых людей, которые уверены, что они свободны? Почему это так?
2. Что значит истинное покаяние? Приведите пример из собственной жизни.
3. Находитесь ли вы в положении, когда предлагаете Иисусу больше комнат в своей жизни, вместо того чтобы отдать Ему ключи от всего дома вашей жизни?
4. Что вы будете делать, если после освобождения дьявол вернется в вашу жизнь вместе с армией сомнений, страха и искушений?
5. Верно или Нет: когда вы раскаиваетесь в грехах своих предков, это дает им второй шанс примириться с Богом, если они попали в ад.

ГЛАВА 7 – ПРИМАНКА САТАНЫ

Ключевые мысли: Матфея 18:21-35

- Не может быть свободы без прощения.
- Соблазн и обида – это приманка сатаны.
- Необработанные раны начинают гноиться. Раны говорят о травме, а шрамы – об исцелении.
- Нужно простить всех других людей, самих себя и Бога.

Вопросы для размышления:

1. Что значит греческое слово "скандалон"? Как это связано с планом дьявола уничтожить нас?
2. Какая разница между ранами и шрамами?
3. Какая разница между предательством и горечью обиды?

4. Какую опасность таит в себе непрощение?
5. Кого сложнее всего простить?
6. Что означает фраза "простить Бога"?
7. Верно или Нет: если вы не прощаете себя, то этим вы говорите Богу, что ваши стандарты святости выше Его.

ГЛАВА 8 – ИСТИННАЯ СВОБОДА

Ключевые мысли: 2-е Коринфянам 3:17

- Свобода дана не для того, чтобы делать все, что хочется, а только то, что необходимо.
- Бог освобождает нас для того, чтобы мы могли служить Ему, а не для того, чтобы мы становились самолюбивы.

Вопросы для размышления:

1. По какой причине вы хотите иметь полную свободу? Постарайтесь честно ответить самому себе.
2. Для чего Бог повелел фараону отпустить Его народ?
3. Какая разница между позицией "дай мне" и "возьми меня", и как это отразилось на блудном сыне? Какую позицию занимаете вы?
4. Верно или Нет: когда человек получает освобождение от зависимости, он становится по-настоящему свободным.

ГЛАВА 9 – РАЗРУШАЯ ТВЕРДЫНИ

Ключевые мысли: 2-е Коринфянам 10:4

- Сильный – это демон. Дом сильного – это сооружение из мыслей или твердыня. Сильный демон может быстро входить в человека и так же быстро выходить из него. Твердыни же строятся в течение времени, поэтому для их разрушения нужно время.
- Вы можете контролировать свой разум, но ваше подсознание имеет контроль над вами.
- Истина подобна мылу; она начинает действовать только тогда, когда мы ее применяем.
- Наш разум подобен кораблю: как только он сталкивается с айсбергом, в нем появляются отверстия, и вода извне начинает проникать внутрь, создавая твердыню в разуме.
- Христианское мышление бывает трех видов: раб, скиталец и воин.

Вопросы для размышления:

1. Какая разница между демонической одержимостью и твердыней в разуме?
2. Исходя из 8-й главы от Иоанна, с помощью каких двух способов Иисус дарует людям освобождение?
3. Каким был ответ Бога, когда у Моисея ничего не получилось: фараон не отпускал народ, израильтяне рассердились, сам он был очень огорчен. Каким было Его решение?
4. Какой из трех образов мышления в данный момент преобладает в вашем разуме?
5. Что нужно делать, если вы получили лишь частичное освобождение?
6. Верно или Нет: Бог сотворил человека с целью освобождения.

ГЛАВА 10 – ОБНОВЛЕНИЕ РАЗУМА

Ключевые мысли: Римлянам 12:2

- Человек идет туда, куда подталкивают его мысли.
- Бог хочет совершить чудо в вашем разуме, прежде чем Он совершит это в вашей жизни.
- Вера – это не надеяться, а иметь. Это документ, подтверждающий право собственности на ваше чудо.

Вопросы для размышления:

1. Что Бог сотворил в день первый? Как мог появиться свет без солнца?
2. Что такое вера?
3. Перечислите семь практических шагов, необходимых для обновления разума. Какие из этих шагов вы уже предприняли? Какие шаги вам сложно предпринять?
4. Верно или Нет: обновление разума подобно спасению, оно всецело зависит от Бога.

ГЛАВА 11 – ПРЕБЫВАЙТЕ В ОГНЕ

Ключевые мысли: Луки 13:35

- Прежде чем впасть в грех, мы, как правило, принимаем череду немудрых решений. Мы часто оправдываем немудрые решения тем, что в них по сути нет ничего плохого.
- Заигрывание с грехом приводит к грехопадению.

- Благодать – это не оправдание, чтобы заигрывать с грехом, а сила противостоять греху.
- Мы призваны к тому, чтобы убегать от греха и бежать к Богу.

Вопросы для размышления:

1. Какие действия необходимо соблюдать, чтобы не сорваться в обрыв во время вождения машины? Как применить данный принцип для принятия жизненных решений?
2. Почему крайне важно постоянно гореть для Бога?
3. Назовите три вещи, которые необходимо делать, чтобы пребывать в огне.
4. Верно или Нет: если будет нужно, вы сможете бросить змею в огонь своего пастора.

ГЛАВА 12 – ПРОДОЛЖАЙТЕ РАСТИ

Ключевые мысли: Матфея 11:28-29

- Есть свобода, которая дается, когда мы приходим к Иисусу, но также существует определенная свобода, которую мы обретаем, возрастая в Боге.
- Не позволяйте своему диагнозу или состоянию стать частью вашей сущности.
- Река становится полноводнее, когда мы продолжаем двигаться вперед.

Вопросы для размышления:

1. Чем пальма похожа на жизнь христианина?
2. Назовите два способа, с помощью которых можно избавиться от тревог и переживаний.
3. Почему Божье слово можно сравнить с лекарством?
4. Что мы должны делать, чтобы река Божьего помазания в нашей жизни увеличивалась?
5. Верно или Нет: если вы не получили освобождение после молитвы, ваш единственный вариант – это искать более помазанного служителя, который мог бы за вас помолиться еще раз.

ГЛАВА 13 – ИСТОРИЯ ДВУХ САУЛОВ

Ключевые мысли: Матфея 5:29

- Наказание предназначено для грешников, а дисциплинирование – для святых.
- Любое переживание с Богом будет вести вас к покаянию перед Ним.
- Мы побеждаем мир, убегая от похотей плоти, укрепляя наш дух и сражаясь с дьяволом с помощью Божьего слова.

Вопросы для размышления:

1. Назовите пять различий между наказанием и дисциплинированием.
2. Если Саул и Савл оба пережили невероятную встречу с Богом, то почему у каждого из них был разный конец?
3. Переживали ли вы когда-нибудь сверхъестественную встречу с Богом? Как это повлияло на вашу жизнь?
4. Назовите трех врагов в жизни человека. Опишите, как мы можем одержать над ними победу.
5. В какой сфере вашей жизни в данный момент не хватает дисциплины? Каким образом это мешает вашему предназначению в Боге?
6. Кто в данный момент наставляет вас и помогает начать исполнять ваше призвание?
7. Верно или Нет: вам никогда не удастся дисциплинировать демонов и изгнать из человека его плоть.

ГЛАВА 14 – РОЖДЕНЫ, ЧТОБЫ ОСВОБОЖДАТЬ

Ключевые мысли: Есфирь 4:14

- Вы освобождены для предназначения.
- Используйте свое положение, чтобы помогать людям обретать спасение, а не просто вдохновлять их.
- Ваше призвание от Бога – это ответ на чей-то вопль и стенание.

Вопросы для размышления:

1. Исходя из истории об отвязанном осленке, как вы считаете, что являлось истинной причиной его освобождения?
2. Каково ваше призвание? Исполняете ли вы его в данный момент?
3. Верно или Нет: каждый христианин призван вдохновлять других людей.

ССЫЛКИ

1   Б. Брайт (18 февраля 2018 года). Мир во всем мире – 19 февраля. Информация взята с сайта https://www.christianity.com/devotionals/insightsfrom-bill-bright/the-world-s-peace-feb-19.html

2   Оккультизм (н/д). Информация взята 10 июня 2018 года с сайта http://www.dictionary.com/browse/occult?s=t

3   Машина смерти (н/д). Информация взята 10 июня 2018 года с сайта http://www.hauntedvehicles.com/jamesdeanspyder.html

4   К. Холлоран (4 июня 2012 года). Джонатан Эдвардс: Пример того, какое наследие праведник оставляет своим потомкам. Информация взята 8 июня 2018 года с сайта https://unlockingthebible.org/2012/06/jonathanedwards-leaving-a-godly-legacy/

5   Загадки Чаппакуиддика (1 августа 1969 года). Информация взята 8 июня 2018 года с сайта fromhttp://content.time.com/time/magazine/article/0,9171,901159-1,00.html

6   Проклятие рода Кеннеди: хронология событий (17 мая 2012 года). Информация взята 8 июня 2018 года с сайта https://www.telegraph.co.uk/news/worldnews/north america/usa/9271425/Timeline-the-Kennedy-Curse.html

7   Притчи, 26 глава. (н/д). Информация взята 10 июня 2018 года с сайта https://www.biblestudytools.com/commentaries/matt hew-henry-complete/proverbs/26.html

8   Дж. Экман (22 октября 2016 года). Проклятие антисемитизма. Информация взята 8 июня 2018 года с сайта https://graceuniversity.edu/iip/2016/10/thecurse-of-anti-semitism/

9   Дж. Сушард & Ф. ЛоВеччио (17 июня 1999 года). Атаки гремучих змей, считавшихся мертвыми. Информация взята 10 июня 2018 года с сайта https://www.nejm.org/doi/full/10.1056/NEJM199906

10 173402420 x Обреченная на смерть, призванная к жизни (н/д). Информация взята 11 июня 2018 года с сайта https://candlesholocaustmuseum.org/file_download/i nline/20073489-b76a-4f74-a7ff-630efb9b1b1a

11 Десять египетских казней, символизирующие десять египетских богов и богинь. (н/д). Информация взята 14 июня 2018 года с сайта http://www.stat.rice.edu/~dobelman/Dinotech/10_E qyptian_gods_10_Plagues.pdf

12 Реальная история настоящего супергероя: Шаварш Карапетян. (8 февраля 2014 года). Информация взята 16 июня 2018 года с сайта https://www.peopleofar.com/2014/02/true-story-ofa-real-life-superhero-shavarsh-karapetyan/

13 Шаварш Карапетян – истинный герой. (4 февраля 2014 года). Информация взята 16 июня 2018 года   с   сайта

https://kindnessblog.com/2014/02/04/shavarshkarapetyan-a-real-life-hero/